HEYNE ‹

D1723589

Der Autor
Horst Krohne ist seit Jahrzehnten einer der bekanntesten und erfolgreichsten Geistheiler Europas. Er nahm an zahlreichen wissenschaftlichen Forschungsprojekten teil und ist der Begründer der renommierten *Schule für Geistheilung nach Horst Krohne®*, die ein standardisiertes Ausbildungsprogramm in Energie- und Geistheilung anbietet. Dieses Programm gibt jedem Menschen die Möglichkeit, geistige Heilweisen zu erlernen und auszuüben.

Horst Krohne

Die Schule
der Geistheilung

WILHELM HEYNE VERLAG
MÜNCHEN

Das vorliegende Buch ist sorgfältig erarbeitet worden.
Dennoch erfolgen alle Angaben ohne Gewähr.
Weder Autor noch Verlag können für eventuelle Nachteile oder
Schäden, die aus den im Buch gemachten praktischen Hinweisen
resultieren, eine Haftung übernehmen.

FSC
Mix
Produktgruppe aus vorbildlich
bewirtschafteten Wäldern und
anderen kontrollierten Herkünften

Zert.-Nr. SGS-COC-001940
www.fsc.org
© 1996 Forest Stewardship Council

Verlagsgruppe Random House FSC-DEU-0100
Das für dieses Buch verwendete FSC-zertifizierte Papier München Super
liefert Arctic Paper Mochenwangen GmbH.

Taschenbucherstausgabe 06/2010

Copyright © 2004 by Ansata Verlag, München,
in der Verlagsgruppe Random House GmbH
Printed in Germany 2010
Umschlaggestaltung: Guter Punkt, München
Herstellung: Helga Schörnig
Gesetzt aus der Sabon bei Franzis print & media GmbH, München
Druck und Bindung: GGP Media GmbH, Pößneck
ISBN 978-3-453-70146-5

http://www.heyne.de

Inhaltsverzeichnis

Teil 3: Erlernbare Fähigkeiten der Geistheilung

Anhang

Vorwort

Krankheit bedeutet Schmerzen und Sorgen – doch Krankheit könnte sich auch als Segen erweisen: dann, wenn wir unsere Selbstheilungskräfte aktiv nutzen, um Not abzuwenden. Wenn wir unseren Mut verlieren, wenn wir die Heilung ausschließlich in andere Hände geben, weil dies bequemer scheint, erleben wir den Niedergang, der bei so vielen kranken Menschen zu beobachten ist, die denken, es sei keine eigene Arbeit mehr zu leisten. Wenn wir aber das Vertrauen nicht verlieren und aktiv an uns arbeiten, wird Krankheit zu einer Entwicklungschance. Unsere Seele entfaltet ihre Kräfte auch – und gerade! – in einem Körper, der bedeutenden Prüfungen unterzogen wird. Es ist deshalb wichtig, uns zu fragen, was wir von einem Heiler wollen. Wenn wir uns nur aus dem Grund an ihn wenden, um Gesundheit zu empfangen, kann dies zu einer großen Enttäuschung führen. Vielleicht machen wir uns auch Illusionen über Magie und Wunder und erwarten, daß der Heiler sie beherrscht und unsere Probleme mit einem Blick oder einer Berührung lindert. Ist das der Fall, so sollten wir unsere Einstellung überprüfen. Wird auch viel über Wunderheilungen gesprochen – denn es gibt sie –, so sind sie doch eine Ausnahme.

Bedauerlicherweise suchen Menschen nicht immer den

geistigen Weg, der über Körper und Verstand hinausgeht, sondern möchten vom Heiler das bekommen, wofür sie in Wirklichkeit selbst verantwortlich sind. Obwohl Heilung immer ein ganz persönlicher Prozeß in uns ist, übergeben wir den Vorgang anderen und erwarten, daß man es für uns erledigt – und das auch noch möglichst schnell (Spontanheilung). Wenn wir die Tatsache entdecken, daß wir für unsere Gesundheit die Verantwortung übernehmen müssen, sollten wir zuerst anschauen, wie wir die Krankheit verursacht haben oder geschehen ließen. Das bedeutet, daß wir nicht passiv und still sein sollten, wenn wir mit Krankheit konfrontiert sind, sondern sie in uns selbst korrigieren müssen – statt dies anderen zu überlassen. Den Verursacher einer Krankheit und Not zu finden ist aber nicht leicht und führt oft in eine Resignation. Die Suche wird dann an andere abgegeben.

Betrachten wir hingegen den Heiler als Lehrer, der mit einer erweiterten Wahrnehmung und größerer Erfahrung Heilung anregt und gleichzeitig den Verursacher des Leidens aufzeigt, wird dadurch tiefere Erkenntnis möglich. Heilung bedeutet zwar, Krankheit abzuwenden, aber erst wenn der Verursacher, der zur Krankheit führte, erkannt ist, kann die Heilung von Dauer sein. Dieser Bewußtwerdungsprozeß ist die Grundlage aller Heilungen.

Horst Krohne, Teneriffa 1999

Einführung

Die fundamentalen Fragen der menschlichen Existenz sind seit Jahrtausenden dieselben, und sie sind auch im Zeitalter des technischen Fortschritts nicht verschwunden – selbst wenn manche Menschen glauben, darauf Antworten gefunden zu haben: Warum leiden wir? Was sind die Ursachen von Krankheit, Leid und Schmerz? Warum gibt es so große Unterschiede in den Formen und Ausprägungen des Leidens?

Die Religion unsere Kulturkreises sagt uns, unser Schöpfer sei Gott, von ihm stamme jene geistige Energie, mit deren Hilfe unser materieller Körper existieren kann. Einige Lehren besagen, durch die Abnutzung unseres physischen Körpers und seine Fehlfunktionen machten wir wertvolle Erfahrungen, so leidvoll sie auch sein mögen. Es gibt auch Lehren, die behaupten, unser eigenes Bewußtsein sei der Verursacher von Krankheit und Leid, weil wir noch unvollkommen sind und nur durch schmerzhafte Erlebnisse reifen und wachsen. Was also ist die Wahrheit in bezug auf diese so wichtigen menschlichen Fragen?

Zumindest durch einen Menschen, der auf der Erde weilte, wissen wir, daß Liebe und Christusbewußtsein den physischen Tod überwinden kann. Jesus lehrte uns, daß es die Liebe sei, die Frieden und Weisheit hervorbringe und die Menschheit in einen voll bewußten Zustand führe – in ein Jesus-Bewußtsein, das über Krankheit und Leid steht und ein Weiterleben mit Geist und Seele im Himmel ermöglicht. Viele Menschen glauben, daß es möglich sein könnte, den Himmel auf Erden zu erlangen, man müßte nur der richtigen Lehre folgen, um zu wissen, wie unsere Sehnsucht nach Reinheit und Vollkommenheit gestillt werden kann. Viele von uns suchen in ihrem Innersten nach Antworten, um in Frieden und voller Vertrauen leben zu können. Und doch haben wir oft das Gefühl, in eine unheile Welt geworfen zu sein, die unsere Sehnsucht nicht erfüllen kann.

Obwohl es immer mehr Menschen gibt, die ihr Leben auf Liebe und Frieden gründen, sehen wir große Teile der Menschheit in zerrütteten Verhältnissen leben und unter Krieg, Gewalt, Hunger und Krankheit leiden. Unter solchen Lebensbedingungen kann tiefe Angst entstehen, und Angst ist die schlimmste Geißel der Menschheit. Durch Verbreitung dieser qualvollen Lebensbedingungen über Rundfunk, Fernsehen und Zeitungen wird diese Angst noch gesteigert, werden Wut und Depression erzeugt. Das führt dazu, daß viele Menschen Gott leugnen, einen Gott, der ganz offensichtlich Unrecht geschehen und Unschuldige leiden läßt. Wer kann einen solchen Gott lieben und achten? Besonders wenn kein Glaube an Karma und Reinkarnation vorhanden ist, werden Gotteshäuser gemieden, und die Kraft, die aus der Religiosität gewonnen und sinnbringend eingesetzt werden könnte, wird für egoistische Zwecke benutzt.

Ich kann Ihnen nicht versprechen, daß das Lesen dieses Buches Ihren Glauben an Gott festigen oder Ihre Einstellung zur Schöpferkraft so verändern und prägen wird, daß Sie alles Negative und Kranke hinter sich lassen. Meine Absicht ist es vielmehr, Ihnen Möglichkeiten anzubieten, um Ihre bisherigen Begrenzungen zu überschreiten und ein gänzlich neues, höchst aufregendes Verhältnis zwischen Körper, Seele und Geist zu entdecken.

Meine Erfahrungen mit bioenergetischen und geistigen Diagnosen sowie Heilungen besagen, daß jeder Mensch mit einem Teil seines Bewußtseins im Geistigen und mit dem anderen Teil im Körperlichen verankert ist. Die Verbindung zwischen Körper und Geist ist das, was wir allgemein »Seele« nennen. Wir können unsere Seele als einen Dolmetscher zwischen Geist und Materie verstehen. Durch ihre Vermittlung wächst das Bewußtsein für das Geheimnis des Lebens, bis hin zum vollen Gewahrsein beider Seiten. Durch die Vermittlerrolle der Seele nehmen wir am gesamten Schöpferplan des Universums teil: auf der physischen Ebene mit unserem Körper und seinen fünf Sinnen; auf der seelischen Ebene mit Gefühlen, Neigungen und psychischen Bedürfnissen sowie außersinnlicher Wahrnehmung. Auf der geistigen Ebene entfaltet das Bewußtsein unsere Wünsche, allumfassende Liebe, Einsicht, Weisheit, den Sinn für Ästhetik, Seligkeit, Heiligkeit und übersinnliche Wahrnehmung. Alle drei Ebenen prägen und formen unser Denken und das daraus entstehende Handeln. Die Kraft, die alles prägt, ist der kreative Geist der Schöpfung.

Jeder Mensch ist ein Teil des göttlichen Planes und Ausdruck des Geistes, somit in seiner Anlage und seinem inneren Wesen auf Vollkommenheit ausgerichtet. Alle äußeren Verhältnisse, unser Körper, unsere Erlebnisse mit der Umwelt sind das Ebenbild und die sichtbare Auswirkung unserer inneren Haltung. Wir sind die Teilnehmer einer umfassenden Evolution des Lebendigen, und unsere seelische Haltung verändert sich durch diese Teilnahme. Je besser sie sich der göttlichen Intelligenz anpaßt, indem sich unsere Denkrichtung und innere Einstellung wandeln, desto heiler werden wir und auch unsere Umwelt. Heilung aus dem Geiste ist ein ganz natürlicher Prozeß; er kann jederzeit von jedem Menschen herbeigeführt werden.

Aus eigener Erfahrung in der Ausbildung von angehenden Heilern weiß ich, daß die bewußte Übertragung von Heilenergie erst dann einsetzt, wenn das Denken die dabei auftretenden Gesetzmäßigkeiten versteht und die notwendige innere Einstellung vorhanden ist. Deshalb wenden wir uns zuerst diesen Grundvoraussetzungen zu. Danach werden wir die Anwendungsmöglichkeiten geistiger Heilung erkunden und anhand von Fallbeispielen studieren.

Teil 1

Die Schule der Geistheilung

Was ist Geistheilung?

Geistheilen scheint so alt wie die Menschheit zu sein, und schon Hippokrates, der Vater der abendländischen Medizin, vermerkt: »Wenn ich meine Hand über einen Patienten halte, und er fühlt Wärme oder ein Kribbeln, dann besteht eine große Chance, daß er geheilt wird.«

Die medizinischen Wissenschaften in ihrer Verflechtung mit der pharmazeutischen Industrie sowie unser gesamtes Gesundheitssystem lehnen die geistigen Heilweisen grundsätzlich ab. Diese dogmatische, alles andere als wissenschaftliche Einstellung einer einseitig körperorientierten Schulmedizin verbietet es normalerweise dem Arzt, mit einem Heiler zusammenzuarbeiten. Doch langsam ändern sich die Verhältnisse. In Großbritannien besteht schon seit Ende der 50er Jahre die Möglichkeit, Geistheilung in Zusammenarbeit mit der Schulmedizin in Krankenhäusern einzusetzen. Deutschland ist in diesem Bereich noch ein echtes Entwicklungsland.

Aber trotz aller Skepsis von seiten der akademischen Wissenschaft und der Schulmedizin setzt sich auch bei uns das Geistheilen immer mehr durch. Wer nach dem Grund fragt, sollte sich zunächst fragen, ob die Schulmedizin nicht insgesamt mehr versprochen hat, als sie wirklich halten kann. Bedenken wir, daß circa 60 Prozent der Patienten chronisch krank sind. »Chronisch krank« heißt in jedem Fall, daß die Schulmedizin hier mit ihrem Latein am Ende zu sein scheint. So ist es eigentlich kein Wunder, daß sich neben ihr ein ganzes Spektrum ganzheitlicher Heilweisen zu entwickeln begonnen hat. Zu dieser »alternativen Medizin« gehört auch die Geistheilung, die den direkten Gegensatz zur physiologisch orientierten Schulmedizin darstellt. Denn die Geistheilung greift nicht in das eigentliche Körpergeschehen ein, sondern wirkt vom Geist, als dem Träger des Lebens, auf das Energiegefüge des Bewußtseins ein – und das auch über große Entfernungen hinweg, und manchmal sogar ohne Wissen des Behandelten.

Diese Wirkungen, die den Heilungssuchenden bewußt oder unbewußt in Richtung Gesundheit führen, wollten wir verstehen lernen. So luden wir über Jahre hinweg Geistheiler in unser Zentrum ein. Wir haben sie während ihrer Behandlungen eingehend beobachtet und ihr energetisches Einwirken auf die Patienten mit Methoden vermessen, die in Grenzbereichen der Heilkunde seit langem genutzt werden. Es sind Methoden wie die Kirlian-Fotografie (1), die Terminalendpunktdiagnostik nach Dr. Voll (2) und der bioelektrische Ohrtest (3) nach einem Verfahren, das in Japan entwickelt wurde. Neben diesen objektivierenden Methoden kamen auch subjektive Erkundungsmethoden wie Radiästhesie (4) und außersinnliche Wahrnehmung durch sensitive Menschen zur Anwendung. Alle Ergebnisse zeigten, daß die Bioenergie aus verschiedenen, zum Teil noch unbekannten Energiefeldern besteht.

Das Nervensystem und auch das Akupunktursystem, bestehend aus den Meridianen, sind weitgehendst in ihrer Wirkung und in ihren steuernden Eigenschaften bekannt. Es stellte sich aber heraus, daß beide Systeme von einem höheren Bereich her bzw. von einer höheren Energie oder

Informationsebene gesteuert werden. Es handelt sich, wie wir später mit verfeinerten Methoden und mit anderen Sensitiven erklären konnten, um die Energien, die allgemein den Chakren zugeordnet sind. Die Behandlung über Suggestion bzw. Hypnose mit Wirkung direkt auf das Bewußtsein oder die Behandlung über die Meridiane – Akupunktur und ähnlichem – brachten nicht annähernd die durchgreifenden und verändernden Tendenzen, wie sie in der Geistheilung über Chakrenenergien zu beobachten waren.

Wir konnten aufgrund unserer Meßergebnisse Veränderungen am Kranken feststellen, die sich in unterschiedlichen Feldern oder Dimensionen als energetische Korrekturen darstellten. Die heilsamsten Veränderungen entstanden dort, wo die Chakrenenergie in andere Energiedimensionen geführt wurde. Nun sind aber gerade die Funktionen der Chakren meßtechnisch mit Apparaten nur schwer direkt zu erfassen. Es liegen Forschungsergebnisse von Dr. Hiroshi Motoyama, Tokio, vor (5), die von uns jedoch nicht verifiziert werden konnten, da uns dazu die Apparaturen fehlten. Wir waren angewiesen auf Beobachtungen und Beschreibungen von Sensitiven oder medial begabten Menschen, die Veränderungen der Chakrenenergie während der Heilung und auch danach beschreiben konnten.

Nach jahrelanger Beobachtung und Analyse war es uns schließlich möglich, aus allen gesammelten Erfahrungen eine grundsätzliche Ziel- oder Heilrichtung herauszukristallisieren. Wenn mit reiner geistiger Kraft gearbeitet wurde – und wir sind sicher, daß dies die Chakrenenergie ist –, kam es mitunter zu Spontanheilungen, das heißt zu Heilungen, die dokumentieren, daß der Geist in der Lage ist, die Gesetzmäßigkeiten der materiellen Ebene unwirksam zu machen oder wenigstens vorübergehend zu neutralisieren. Unter den wunderbarsten Phänomenen, die wir erlebten, waren deutliche Beschleunigungen allgemeiner Regenerations- und Heilungsprozesse sowie selbst die Korrektur fester Substanzen wie Knochen, Sehnen und Bänder.

Durchaus nicht alle Behandlungen führten zur Heilung. So blieb die Frage offen: Warum geschieht manchmal eine Gesundung spontan, schnell und mühelos, und warum sind manchmal scheinbar harmlose Krankheiten nicht zu heilen? Ob Heilung oder Nichtheilung – dies wird in einschlägigen Kreisen oft als Folge karmischer Verwicklungen gesehen. Wir aber mußten feststellen, daß eine so einfache Erklärung auf keinen Fall haltbar ist. Wir gaben an diesem Punkt nicht auf, sondern waren entschlossen, die Resultate zu verbessern. Da zeigte sich, daß jedwede Verstärkung der inneren Heilungskräfte, sei es mit Suggestion, mit heilmagnetischen oder geistigen Kräften über das Chakrensystem, immer dann erfolgreicher wird, wenn die Verursacher der Krankheit aufgedeckt wurden.

Auf der Grundlage von Meßergebnissen an Patienten und Heilern sowie von Beobachtungen der verschiedensten Behandlungsarten entwickelte sich ein Programm, das die Erkennung der Ursachen von Krankheit auf den verschiedenen Ebenen von Körper, Seele und Geist ermöglichte. Erst durch die Bestimmung der ursächlichen Faktoren einer Krankheit wird Geistheilung gezielt anwendbar und verläßlich wirksam – mit einem Wort: erfolgreicher.

Die nächste Frage stellte sich von selbst: Kann man Geistheilung erlernen? Da bei den Heilungsprozessen sehr unterschiedliche Energiearten, Schwingungen und Informationen beteiligt sind, suchten wir nach Möglichkeiten, im Bewußtsein von Menschen, die gern helfen und heilen wollten oder es schon taten, die Ebene ihrer eigenen Stärke – ihre »Talentierung« – zu finden. Durch ausgefeilte Meßtechniken und Testverfahren am Patienten und am angehenden Heiler fanden wir schließlich einen Weg, um Geistheilung auf den einzelnen Ebenen des Gesamtsystems Körper-Geist-Seele zu lehren. Dieses Lehrprogramm umfaßt mittlerweile drei Stufen. Die erste Anforderung an den angehenden Heiler ist es, die bioenergetischen Felder auseinanderzuhalten und – je nachdem – nervlich, psychisch oder psychosomatisch bedingte Prozesse als am Krankheitsgeschehen beteiligt zu erkennen. Nur dann kann er die in dem jeweiligen Fall wirksamen Energien aussteuern und gegebenenfalls in die höhere geistige Ebene vorstoßen, um direkt mit der Chakrenenergie zu arbeiten. Dies ist im wahrsten Sinne des Wortes Arbeit mit den Schöpfungsenergien des Geistes, des Göttlichen! Es ist eine Frage der persönlichen Entwicklung, in die Fähigkeit zur Heilung hineinzuwachsen, und diese Entwicklung kann sich nur stufenweise vollziehen.

Erst also wenn der Heiler die Ursachen der Krankheit durch Testverfahren am Patienten bestimmt hat und indem er im tiefsten Sinne erkennt, warum der Patient leidet, erst dann findet sich der Weg, wie die heilenden Energien gezielt und bewußt eingesetzt werden können. Im besten Falle erkennt der Leidende selbst, warum er leidet. Geistheilung kann man nicht einfach »tun«. Sie wirkt nur dann, wenn der Leidende in Resonanz zu den Heilenergien gehen kann bzw. gebracht wird.

Es gibt begabte Menschen, die ein Kanal für das Höchste in diesem Universum sind. Wir haben jedoch herausgefunden, daß die Bedingungen, Geistheilung zu erlernen, in jedem Menschen schlummern. Der angehende Heiler muß, wie gesagt, in seine Heilfähigkeit »hineinwachsen«, er muß wissen, was er tut, und zwar Schritt für Schritt, Stufe um Stufe. Für jeden von uns besteht die wunderbare Möglichkeit, sich hinaufzuschwingen auf jede Ebene, wo geistige Heilenergien wirken, und diese korrigierend und helfend zu übertragen. Im Schulungsprogramm, das phasenweise von Ärzten begleitet wird, konnten wir eine ganz erstaunliche Feststellung machen, die selbst Mediziner beeindruckte, die der Geistheilung reserviert, ja ablehnend gegenüberstanden. Es war die Tatsache, daß der Patient in der Regel ganz aufgeschlossen ist, eine Behandlung mit Geistenergie zu erhalten. Egal, ob es sich um ein Gespräch mit suggestivem Charakter, eine Übertragung von Bioenergie mit den Händen, eine meditative Gebetsheilung oder einen operativen Eingriff durch Geisteschirurgie handelt – das Bedürfnis, die höchsten, feinsten, göttlichen Energien zu empfangen, ist bei fast allen Kranken vorhanden. Das hatten auch wir nicht vermutet. Geistheilung zu empfangen – angefangen bei den elementarsten Stufen bis in die höchsten Bereiche der Geisteschirurgie hinein – ist offenbar ein tiefes Bedürfnis der Heilungssuchenden.

Wir fühlen uns durch diese Tatsache ermutigt, mit ganzer Kraft in der Ausbildung zukünftiger Heiler fortzufahren. Hierbei werden wir auch durch die positiven Reaktionen von Ärzten motiviert, die aufgrund eigener Erfahrungen für diesen Weg der Heilung offen sind. Allerneueste Erfahrungen mit Patienten, die psychiatrisch behandelt worden sind, zeigen, daß auch bei ihnen Geistheilung mit Erfolg eingesetzt werden kann. Gerade in diesem Bereich, mit dem Geistheiler normalerweise wenig in Berührung kommen, wartet ein großes Betätigungsfeld, auf dem sich die Geistheilung zukünftig bewähren kann.

Eine der ersten, bereits erstaunlich klaren Erklärungen der Wirksamkeit geistiger Heilweisen von medizinischer Seite gab Carl Gustav Jung. Er glaubte, daß das Heilen durch geistige Methoden eine große Zukunft habe und allmählich über das, was wir heute als »funktionell« bezeichnen, hinauswachsen werde. Er sah eine neue Zeit heraufdämmern, in der man chirurgische Eingriffe als bloße Flickarbeit ansehen und sich darüber entsetzen wird, daß es überhaupt einmal ein so beschränktes Wissen um das Heilen gab. Jung meinte auch vorauszusehen, daß dann für unsere althergebrachten Arzneimittel kaum noch Raum sein wird. Es lag ihm gleichzeitig fern, Medizin und Chirurgie herabzusetzen, im Gegenteil, er hegte große Bewunderung für beide. Doch hat er offenbar Blicke tun dürfen in ungeheuerliche Energien, die der Persönlichkeit eines jeden Menschen innewohnen, und ebenso in außerhalb liegende Quellen, die unter bestimmten Bedingungen durch sie hindurchströmen. Diese Energien bezeichnete er als göttlich und maß ihnen Kräfte zu, die nicht allein funktionelle Störungen heilen könnten, sondern auch organisch bedingte, die sich als bloße Begleiterscheinungen seelischgeistiger Störungen herausstellten.

Die Sicherheit, mit der C. G. Jung Heilung mit geistigen Methoden beschrieb, beruhte nicht zuletzt darauf, daß diese Behandlungsart schon seit Tausenden von Jahren praktiziert wird. Anfangs waren es die Schamanen und Medizinmänner der verschiedenen Kulturen. Doch bis heute werden uralte Praktiken der Indianerkulturen, der Kahunas in Polynesien, der Schamanen Sibiriens und anderer mit Erfolg eingesetzt. Obwohl viel Wissen verlorenging, gibt es immer noch zahlreiche Schamanen-Heiler und Medizinmänner, die mit erstaunlichen Erfolgen arbeiten. Eines ist all den unterschiedlichen, kulturell bedingten Anwendungstechniken gleich: der Glaube an eine höhere Kraft, eine kreative Intelligenz, die zum Zwecke der Heilung »herbeigeholt« werden kann. Vor 3000 Jahren war der ägyptische Heiler Imhotep so berühmt, daß er als Gott der Heilkunde verehrt wurde. Ungefähr zur gleichen Zeit lebte in Griechenland der Heiler Äskulap, der ebenfalls großen Ruhm erlangte. Mit seinem Namen verbindet sich noch heute das bekannte Symbol der medizinischen Zunft, der Aeskulapstab. Auch das Alte Testament enthält viele Beispiele von Geistheilungen. Vor 2000 Jahren revolutionierte dann ein Mann namens Jesus in wenigen Jahren die Kunst des Heilens. In den folgenden Jahrhunderten erschienen immer wieder berühmte Heiler. Heute spricht man viel über Heiler von den Philippinen und aus Brasilien.

In einigen Ländern, etwa in Großbritannien, ist die Geistheilung weitgehend anerkannt; bei der National Federation of Spiritual Healers sind mehr als 5000 Mitglieder gemeldet, die Zugang zu circa 2000 Krankenhäusern haben. Auch in Deutschland gibt es seit einigen Jahren – neben kleineren Verbänden – den Dachverband Geistiges Heilen e. V.

Chakrenenergie und Geistheilung

Man kann die Chakrenenergie nicht einfach »benutzen«, und Geistheilung kann man nicht »machen«. Hier liegt kein Prozeß der Wissensanhäufung zugrunde, auch nicht die Benutzung der fünf Sinne. Geistheilung wächst und wird möglich durch die zunehmende Reife des Heilers. Hier gilt der uralte Spruch: Wissen wird zu Weisheit!

Man kann zwar über die Chakrenenergie als Idee mit anderen Menschen sprechen, es gibt aber nur einen Weg, sie direkt zu erfahren: Allein durch außersinnliche Kommunikation mit anderen Menschen erspürt man, worum es letztlich geht. Da diese aufgenommenen Empfindungen und die dabei entstehenden Gedanken nur unzureichend dargestellt werden können, ist es erforderlich, eine gemeinsame Basis für Erklärungen zu schaffen. Worte bergen immer die Gefahr zum Mißverständnis in sich, da sie individuell mit unterschiedlichen Inhalten erfüllt werden. Gerade in der Geistheilung mit Chakrenenergie ist es wichtig, sich von allen Abhängigkeiten zu befreien, die das gewohnte Denken und das mit ihm verbundene Weltbild geschaffen haben.

Unser Denken stößt spätestens an seine Grenzen, wenn seine methodische Basis, das kausale Prinzip, mit der Multidimensionalität der außersinnlichen Wahrnehmung konfrontiert wird. Jeder Heiler ist beim Umgang mit der Chakrenenergie aufgefordert, herkömmliche Lehrmeinungen in Frage zu stellen. Der Weg der grundlegenden Weiterentwicklung und Wandlung im Sinne von Erkenntnis und Anerkennung vollkommen neuer Dimensionen ist nur über Visionen und intuitive Impulse möglich – Impulse, die aus der Wahrnehmung des Unsichtbaren kommen. Jede Erkenntnis auf der außersinnlichen Ebene erwächst aus dem Unsichtbaren, und jede Heilung beginnt im Unsichtbaren.

Diese Wahrheit ist unbequem, weil sie im gängigen Weltbild nicht erklärt werden kann. Welcher Weg kann uns aus dieser problematischen Situation führen? Die bewußte Erfahrung der menschlichen Innenwelt und ihre Verarbeitung kennt klare Gesetzmäßigkeiten und erfolgt in bestimmten Regelkreisen. Werden diese aufgedeckt und verstanden, kann auch eine gemeinsame Sprache gefunden werden und damit zur bewußten Wiederholung der Erfahrung, die zunächst eine Gnade ist, und damit zu einer Anwendung und Nutzung der geistigen Gesetze führen.

Glauben wir der gängigen »medialen« Literatur, ohne sie zu hinterfragen, dann wird das unweigerlich zu Mißverständnissen und Verwirrung führen, denn wir haben es mit Werken äußerst unterschiedlicher Qualität und Glaubwürdigkeit zu tun. Leider akzeptieren viele Menschen, weil sie gelangweilt und unzufrieden mit der heutigen Welt sind, kritiklos solche Darstellungen. Enthusiastisch stürzen sie sich ohne Vorwissen und Vorbereitung in eigenes Experimentieren, ohne die Fallgruben auf der psychisch-seelischen Ebene zu erkennen.

In unserer Zeit entdecken immer mehr Menschen ihre paranormale Begabung, unter anderem in Telepathie, Hellsehen, Hellhören, Psychometrie, Präkognition, Rutengehen und Heilen. Allmählich treten diese Fähigkeiten wieder stärker hervor. Dieser kollektive Lernprozeß gehört möglicherweise zur Entwicklung menschlicher Fähigkeiten in der Evolution. Er wird dazu führen, die übersinnlichen Bereiche in unserem Alltag auszuweiten, die multidimensionale Realität des Lebens anzuerkennen und zu erkunden.

Anzuerkennen, daß auch die höheren geistigen Ebenen von Gesetzen beherrscht werden, ist die erste Voraussetzung für die Entwicklung übersinnlicher Wahrnehmung. Erst wenn diese Gesetzmäßigkeiten erkannt sind, können Grundlagen für das Handeln auf diesen Ebenen entstehen. Werden sie jedoch mißachtet, geschieht das gleiche wie auf der physischen Ebene: Die Welt wird vergiftet und zerstört. Eine weitere Voraussetzung ist, die Tatsache zu akzeptieren, daß das physische Gehirn nicht der Ausgangspunkt des Bewußtseins ist, sondern vielmehr sein Instrument. Es ist wichtig, sich von den rein physikalischen, dreidimensionalen Vorstellungen des Denkens zu lösen. Mit dem in diesem Buch vorgelegten Material werden bestimmte Gesetzmäßigkeiten und Prinzipien systematisch beschrieben, die durch die Chakren von den höheren Ebenen her in unser menschliches Dasein einwirken. Es soll gezeigt werden, wie die unsichtbaren Dimensionen dadurch unsere Gesundheit und Lebensqualität bestimmen.

Um die Natur der Chakren zu beschreiben, seien zunächst einige grundlegende Faktoren benannt. In unserer Kultur sagen wir, der Mensch besteht aus Körper, Seele, Geist. Nach dem derzeitigen Stand der Physik wiederum wird davon ausgegangen, daß Energie und Materie unterschiedliche Ausdrucksformen ein und derselben Kraft sind. Nehmen wir noch die Klassifizierung des Psychologischen nach C.G. Jung hinzu: bewußt, unbewußt und kollektiv-unbewußt. Damit können wir im Sinne aller heutigen Erkenntnisse sagen: Leben besteht aus einer Vielzahl energetischer Felder, die sich wechselseitig beeinflussen, miteinander vernetzt sind und mit der Umwelt, im weitesten Sinne mit dem Universum, im ständigen Austausch stehen.

Betrachten wir die einzelnen Ebenen und ihre jeweiligen Felder, so ergibt sich eine Differenzierung der Ganzheit des Menschen in

a) den Körper einschließlich der bewußten Gehirnfunktionen (Regelkreise des Nervensystems und der fünf Sinne – »bioelektronische Funktionen«)
b) die psychisch-seelischen Funktionen (unbewußt) mit verschiedenen Regelkreisen des »Biomagnetismus«, zum Beispiel Meridiansystem, Reflexzonen, Aura sowie Emotionen und Gefühle
c) die geistige Ebene (kollektiv-unbewußt oder überbewußt), zum Beispiel die sieben Hauptchakren mit der Kundalini und Nebenchakren sowie deren Kommunikationssystemen.

Zwischen a) und b) bestehen ständige Wechselbeziehungen. Das bedeutet physikalisch gesehen, Elektromagnetismus und Psychosomatik auf der Ebene des Lebens, wobei Psychosomatik nicht als Krankheitsgeschehen verstanden wird, sondern wertfrei als notwendige Interaktion verschiedener Felder. Diese können harmonisch und ungestört wirken, wir sprechen dann von »gesund«, oder disharmonisch und gestört, was für uns »krank« bedeutet. Beginnt man die komplexen Wechselbeziehungen bioenergetischer Felder zu verstehen, ist dies der erste Schritt, sie therapeutisch zu nutzen. Der heutige Stand des medizinischen Wissens bietet allerdings wenig Möglichkeiten dazu, und zwar nicht nur im Bereich der Therapie, sondern bereits in dem der Diagnostik. Die zur Zeit besten technischen Mittel scheinen die Kirlianfotografie oder ähnliche Verfahren zu bieten.

Die geistige Ebene c) bildet mit ihren sieben Hauptfeldern, den Chakren, ein übergeordnetes System. Diese sieben Chakren können nicht nur die ihnen untergeordneten bioelektromagnetischen Ebenen und Felder steuern, sondern sie fungieren darüber hinaus als Informationsträger aller Lebensprozesse. Auch hier bewahrheitet sich eine zeitlose Weisheit: Alles Leben ist Geist.

Über diese Zentren werden alle Prozesse, die zum Leben gehören, gesteuert: Wachstum, Regeneration, Heilung, Leistung, Willensstärke, Denkfähigkeit, Hormon- und Immunsystem, Verdauung, um nur einige zu nennen. Läßt die Energiedichte in nur einem dieser Zentren nach oder kommt es zu Frequenzverschiebungen, wird der Mensch krank. Immer handelt es sich dabei um Erkrankungen, deren Ursachen mit konventionellen medizinischen Mitteln nicht gefunden werden können. Es sind dann Diagnosen zu hören wie: »Das ist nervlich bedingt, denn organisch sind Sie völlig gesund.«

In den Chakren sind darüber hinaus Informationen über unsere Charaktereigenschaften, Talente, Neigungen und Bedürfnisse enthalten. Auch mediale Eigenschaften zeigen sich hier. Medialität in jeder Form, ob Hellsehen, Geistheilung, Materialisation oder Entmaterialisation, äußert sich immer durch eine deutliche Energieverstärkung in einem oder mehreren der Chakren-Zentren. Und genau hier beginnt der Weg der Erkenntnis.

Wie unser Denken in der Lage ist, die Geschehnisse im Gehirn zu ergründen, so ist unsere Medialität in der Lage, das Unbewußte und Überbewußte zu erforschen. So wie die Natur in ihren Erscheinungsformen durch die fünf Sinne und das kausale Denken erforscht und in ihren Gesetzmäßigkeiten bestimmt werden kann, so ist es möglich, durch das Instrument der Medialität, die außersinnliche Wahrnehmung, das unsichtbare, ungreifbare Überbewußte zu erfahren und die dort herrschenden Gesetze zu erkunden. Medialität ist der Weg, um die höheren Ordnungen der geistigen Welt zu erforschen.

Und genau dies ist der »Quantensprung« in ein neues Bewußtsein, das im Wassermannzeitalter erwartet wird.

Medialität und ihre Entwicklung

Wenn sich heute bei immer mehr Menschen – und besonders bei jüngeren – mediale Fähigkeiten zeigen, so liegt doch eine Vermutung nahe: Eigentlich müßte diese Gabe bei allen Menschen vorhanden sein. Ein Anhaltspunkt dafür ist beispielsweise die Tatsache, daß bestimmte esoterische Übungen mit geistig-körperlicher Wirkung, wie etwa Autogenes Training und Meditation, Ansatzpunkte zur Aktivierung außersinnlicher Wahrnehmung bilden können. Ihnen allen gemeinsam ist der Effekt, daß das Tagesbewußtsein ausgeschaltet bzw. in eine andere, gleichsam absichtslose Form seiner Aktivität überführt wird.

Der Weg zu echten Medialität ist lang, er erfordert Jahre und führt immer über die Aktivierung der Chakrenenergie. Dies wird bei allen entsprechenden Übungen beabsichtigt, denn eine verstärkte Chakrenenergie ist die Grundlage zur Entwicklung von Medialität. Wie wir schon aus der Geschichte der Medialität wissen, führt diese durchaus nicht automatisch zu einer vernünftigen Nutzung der damit verbundenen Fähigkeiten. Es können seelische »Blüten« getrieben werden, die durch die medialen Eindrücke und aufkeimenden übersinnlichen Fähigkeiten das rationale und logische Denken überlagern und verzerren. Wunderliche Gewohnheiten entstehen, seltsame Erklärungen werden vorgetragen. Nicht selten entwickeln sich Ängste, die eine bereits vorhandene disharmonische Entwicklung noch verstärken. Oder es entsteht esoterische Chuzpe im Sinne der Überzeugung »Ich bin ein Auserwählter« oder »Ich bin erleuchtet«. Wenn der Weg zu hastig, ohne die rechte Führung beschritten wird, vermengen sich die sich entwickelnden außersinnlichen Fähigkeiten mit dem Wirken eines zurückgebliebenen Intellekts und einem verhängnisvollen Halbwissen. Charaktereigenschaften, die Unreife dokumentieren, ein unentwickeltes Gewissen und ein Glaube, der wahre religiöse Erfahrung noch nicht (oder nicht mehr) kennt, bilden einen psychischen Nährboden, auf dem keine guten Früchte gedeihen können. Wie Intelligenz ohne Moral und Gewissen zerstörend und bösartig wirkt, so entsteht aus Medialität ohne Moral und Gewissen schwarze Magie.

Aus alldem ergibt sich, daß die grundsätzlich bei jedem Menschen vorhandene Möglichkeit, eine außersinnliche Wahrnehmung zu entwickeln, von typischen Risiken und Problemen begleitet ist. Unserer Erfahrung nach besteht eine dieser Schwierigkeiten regelmäßig in der Überwindung eingefleischter Denkmuster. Bei einem Menschen, der in unserer Kultur sozialisiert wurde, erweist sich das herkömmliche naturwissenschaftliche Denken mit seinen festgefügten Glaubenssätzen oft als schier unüberwindliches Hindernis. Seine Glaubenssätze entstehen aus dem konservativen Impuls, der uns rät, beim Alten und Vertrauten zu bleiben. Der Weg, der uns aus diesem Denkmuster heraushilft, verläuft immer über das Fühlen. Unsere Gefühlswelt, die bei allen Entscheidungen naturnotwendig ein großes Mitspracherecht hat, kann das Tagesbewußtsein und das rationale Denken, wenn wir es gelernt haben, in eine absichtslose Haltung bringen. Über das

Fühlen finden wir den Weg, unsere Glaubenssätze zu verändern. Über das Einfühlen, die Radiästhesie und die Psychometrie (6) läßt sich ein Lernprozeß aufbauen und steuern, der, in den Energien der Gefühlswelt wurzelnd, innerhalb relativ kurzer Zeit das Denken von Konservatismen befreit, so daß die Erfahrung des Außersinnlichen, ja Medialen möglich wird. In unserem Trainingsprogramm nimmt dieser erste Schritt fünf Kurstage in Anspruch und führt über ganz bestimmte Lern- und Übungsschritte. Es geht darum, den Aufbau der verschiedenen Energie- und Lebenssysteme, die in uns wirken, zu verstehen sowie ihre Zusammenhänge untereinander zu erkennen. Daraus ergibt sich ein Erklärungsmodell für die Entstehung von Krankheiten, das in der Diagnostik angewendet werden kann.

Kernpunkte des Lernprogramms sind:
• die Entwicklung von gezielten Fragen, um die Verursacher der Krankheit aufzudecken
• bioelektrische und biomagnetische Phänomene sowie die Aura verstehen zu lernen
• Bioenergien mit verschiedenen Methoden zu erfühlen und zu diagnostizieren
• mit Pendel und Biotensor die Qualität der verschiedenen Nahrungsmittel und Produkte für den Patienten zu bestimmen
• das Aufspüren von Erdstrahlen und Elektrosmog
• das Ausmessen der Meridianenergie mit dem Biotensor
• ein Verständnis der Aufgabe und Wirkung der Kundalini sowie aller sieben Chakren zu entwickeln
• Meditationsübungen zur Erweckung von Hellsichtigkeit und außersinnlicher Wahrnehmung
• die Einübungen verschiedener Methoden, um die Voraussetzungen energetischer Heilung zu ergründen

- erste Schritte zur Aktivierung heilmagnetischer Fähigkeiten durch Farb-, Chakren- und Heilmeditation
- Sensibilität für Kontakte zur eigenen höheren geistigen Führung zu entwickeln
- der Aufbau eines spirituellen Schutzes gegen die negativen Energien, welche dem Kranken genommen werden

Sind all diese Schritte getan, betritt man den schwierigen Weg, den eigenen Kopf zu überzeugen, daß es auch im Denken und in der sinnlichen Wahrnehmung eine Möglichkeit gibt, die Ressourcen einer höheren geistigen Intelligenz zu erschließen. Denn es gibt eine überindividuelle Intelligenz, die unser logisch-analytisches Denken um Dimensionen überragt.

Nach weiteren Übungen in kleinen Arbeitsgruppen erfolgt der nächste Schritt. Seine Ziel ist es, die eigene Begabung zum Heilen zu entdecken und zur aktiven Fähigkeit auszubauen.

Dazu gehören die folgenden Elemente praktischer Lernarbeit:

- Visualisierungsübungen, um Hellfühlen und Hellsehen zu entwickeln, mit dem Ziel, ein klares Diagnostizieren zu ermöglichen
- die Erarbeitung der Fähigkeit, eigene und universelle Energien zu übertragen, das heißt, einen Heilungsprozeß durch energetische Praktiken in Gang zu setzen
- Chakren ausmessen und diagnostizieren
- Krankheiten erkennen, deren Ursachen in früheren Leben liegen (Reinkarnationstherapie)
- psychosomatische Erkrankungen erkennen, sie über das Körperbewußtsein ansprechen und mit verschiedenen Methoden regulieren (Organsprachetherapie)

- mit Hilfe von Imagination und Chakrenenergie die Liebe zum Menschen als stärkste Heilkraft einsetzen
- Zeichen und Symbole in der Heilung erkennen und deuten lernen
- raum- und zeitverändernde Techniken als zusätzliche Hilfe in besonderen Fällen einsetzen lernen
- Gebetsheilung erleben und dadurch die Kontakte zur geistigen Führung vertiefen

Diese zweite Stufe der Ausbildung hat in der Regel bereits eine spürbare Wandlung des Inneren zur Folge. Auf ihrer Grundlage können wir uns weiten und fernen Horizonten einer befreienden Weltschau zuwenden, ohne daß die Beschäftigung damit auf die reine Verstandesebene begrenzt bleibt. Die tieferen Zusammenhänge allen Geschehens sollen nicht nur intellektuell transparent, sondern auch und vor allem gefühlshaft erfahren werden. Dann tauchen aus dem Dunst der Unwissenheit in klarem, lichtvollem Erleben die Konturen verborgener Verbindungen unseres alltäglichen Daseins zu den höheren Ordnungen auf. Körper, Seele und Geist können tatsächlich als Ganzheit wahrgenommen werden, und damit entsteht eine Vorstellung von der Bedeutung des eigenen Lebens, die über das bisher Erfahrene hinausweist. Hier liegt der eigentliche Anfang einer ernsthaften Beschäftigung mit der Wissenschaft des Geistes, der Esoterik. Dies ist gleichzeitig der Ansatz des eigenen Weges zum spirituellen Heilen, zur Heilung durch den Geist.

Die folgenden Worte schildern die Wirkungen des aktiven Zugehens auf diese Wahrheiten in prägnanter Weise. Daß sie von einem der größten Naturwissenschaftler unserer Zeit stammen, ist ein ermutigendes Zeichen dafür, daß die Überwindung der Trennung von Weisheit und Wissenschaft endlich gelingen wird:

»Das schönste und tiefste Gefühl, das wir erfahren können, liegt in der Wahrnehmung des Mystischen. Alle wahre Wissenschaft schöpft daraus ihre Kraft, zu wissen, daß
es sich als höchste Weisheit und strahlende Schönheit manifestiert, welche wir mit unseren dumpfen Fähigkeiten
nur in ihren primitivsten Formen verstehen können, dieses Wissen, dieses Gefühl ist das Zentrum der Religiosität.«
Albert Einstein (1954)

Teil 2

Das System der Chakren

In die folgenden Beschreibungen der einzelnen Chakren und des gesamten Systems, das sie im Zusammenspiel ihrer Funktionen bilden, sind die Erfahrungen aus 15 Jahren Heilmeditation und Geistheilung eingeflossen. Der Funktionszustand eines Chakras wird an seinem Aussehen erkennbar; seine konkrete Beschreibung ist damit essentiell für die Diagnose und die Wahl der Therapie. Die hier gegebenen Beschreibungen wurden durch medizinische und naturheilkundliche Beobachtungen und Beurteilungen im physischen wie psychischen Bereich überprüft. Natürlich sind sie auch ein Ergebnis des Erfahrungsaustauschs mit Sensitiven und erfahrenen Geistheilern.

Das System als Ganzes

Wir erkennen sieben Hauptchakren, die im Prinzip entlang der vertikalen Achse des menschlichen Körpers aufgereiht sind (siehe Farbtafel 1). Zwischen dem untersten (Wurzel-) Chakra und dem obersten (Scheitel-)Chakra besteht eine dynamische energetische Verbindung; die indische Tradition nennt sie Kundalini. Deshalb nehmen diese beiden Zentren eine besondere Rolle ein. Die Kundalini-Kraft bewegt sich in drei vertikalen Energiesträngen. Der Hauptstrang (Sushumna) verläuft normalerweise im unmittelbaren Bereich der Wirbelsäule und wird von den beiden anderen Strängen (Ida und Pingala) locker umwunden. Mit der Energiedichte in dem Subsystem dieser drei Stränge steht und fällt die Vitalität eines Menschen. Bei klarer Erkenntnis dieses Subsystems lassen sich auch klare Aussagen über den Vitalitätszustand des Patienten machen, sei er von gerade noch glimmender Lebenskraft oder, im anderen Extrem, von überdrehter Aktivität geprägt. Interessante Möglichkeiten ergeben sich aus der Tatsache, daß die Hauptbahn der Kundalini »parallel« zum Rückenmark und den beiden Hauptmeridianen des Akupunktursystems verläuft: In die Reichweite des heilenden Geschehens gerät dadurch eine recht verläßliche Diagnose des bioelektrischen und biomagnetischen Spannungspotentials.

Eine permanent überstarke Kundalini-Aktivität hat Hochspannung und Überreizung des Nervensystems sowie zu hohe Ausgangswerte im Meridiansystem zur Folge. Diese Überhöhung kann durch starke Luminiszenzen der Kirlianfotografie oder durch hohe Ausgangswerte der Elektroakupunktur nach Dr. Voll angezeigt werden. Bei einer sehr schwachen Kundalini-Aktivität zeigen sich dementsprechend niedrige Meßwerte.

Die Beurteilung des Zustands der Kundalini-Aktivität darf sich jedoch nicht auf die Endpunkte ihrer Bewegung (Wurzel- und Scheitelchakra) beschränken. Schließlich sind alle sieben Chakren relevant. In ihrer Kommunikation untereinander drückt sich nicht nur jede einzelne physische und psychische Ebene in ihrer Dynamik aus, sondern es ist prinzipiell jede denkbare Kommunikation zwischen diesen Ebenen möglich. Schon die theoretische Vorstellung dieses Gesamtsystems, in dem jeder einzelne Bereich mit jedem anderen Bereich verbunden ist und das in seiner Gesamtheit wahrhaftig mehr darstellt als »die Summe aller seiner Teile«, ist ehrfurchtgebietend. Es läßt sich leicht nachvollziehen, daß eine diagnostische Tätigkeit auf der Grundlage seiner Beobachtung ebenso komplex wie verantwortungsvoll sein muß. Ebenso klar dürfte sein, welche differenzierten Möglichkeiten sie bietet, sinnvolle und gezielte Aussagen über den Zustand der Lebensenergie eines Menschen zu machen. In dem Kapitel »Die Kommunikation der Chakren« wird näher darauf eingegangen werden.

Das Erscheinungsbild eines Chakras manifestiert sich auf der feinstofflichen Ebene, das heißt jenseits des Wahrnehmungsbereichs der fünf Sinne. Deshalb ist es in Worten nur schwer und unvollkommen zu beschreiben. Die vielleicht einfachste und klarste Beschreibung lautet: eine spiral- und trichterförmige, wirbelnde Energieverdich-

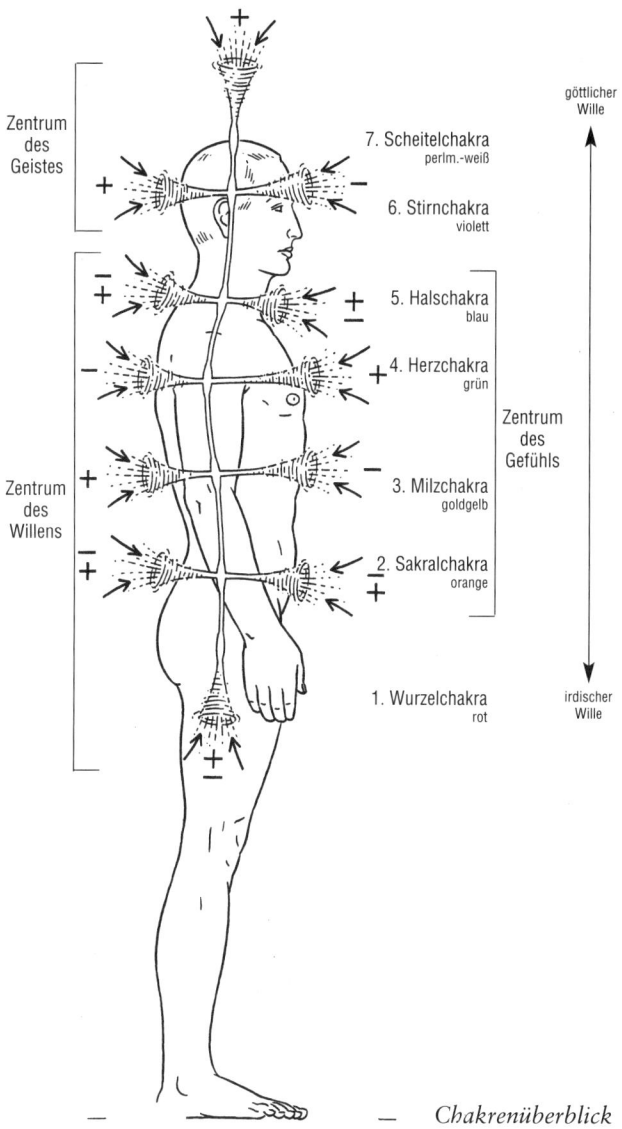

Zentrum
des
Geistes

Zentrum
des
Willens

7. Scheitelchakra
perlm.-weiß

6. Stirnchakra
violett

5. Halschakra
blau

4. Herzchakra
grün

Zentrum
des
Gefühls

3. Milzchakra
goldgelb

2. Sakralchakra
orange

1. Wurzelchakra
rot

göttlicher
Wille

irdischer
Wille

Chakrenüberblick

39

tung. Die große Öffnung des »Trichters« ist gleichbedeutend mit dem Beginn der Energiekonzentrierung und liegt außerhalb des Körpers. In strudelartigen Bewegungen verdichtet sich die Energie zunehmend; diese Bewegungen führen zum Zentrum des in der Regel 5 bis 10cm großen, diskusförmigen Wirbels, dem eigentlichen Chakrenzentrum. Beachtliche Besonderheiten weisen Wurzel- und Scheitelchakra auf. In das Wurzelchakra pulsiert die Energie von unten, in das Scheitelchakra von oben her ein. Alle fünf mittleren Chakren erhalten ihre Energie von vorn und hinten. Nach den Forschungsergebnissen des Instituts für Religion und Psychologie in Tokio hält dieses permanente »Einstrudeln« den kontinuierlichen Transformationsprozeß einer einpoligen Energie aufrecht, deren nähere Eigenschaften sich dem heutigen Erkenntnisstand jedoch noch entziehen. Offensichtlich werden in jedem Chakra Tausende von unterschiedlichen elektromagnetischen Frequenzen erzeugt. Dies führt dazu, daß Sensitive und Chakrasichtige unterschiedliche Wahrnehmungen und Beschreibungen abgeben, je nachdem, auf welche Wellenlänge sich ihr Wahrnehmungsvermögen einschwingt. Beispielsweise wird das Wurzelchakra unterhalb des Rumpfes zwischen den Oberschenkeln gesehen, wenn die außersinnliche Wahrnehmung seine an den Öffnungen liegenden Frequenzen erkennt. Die Bezeichnung »Kronenchakra« für das oberste Chakra rührt vermutlich daher, daß bestimmte Sensitive vornehmlich seine direkt über dem Scheitel stattfindenden Aktivitäten wahrnehmen, die allerdings, wie gesagt, allein den Anfang des Transformationsprozesses der Kräfte auch in diesem Zentrum ausmachen. Fast alle sich widersprechenden Aussagen über das Chakrensystem sind eine Folge der Tatsache, daß es kaum Menschen gibt, die in allen Wellenbereichen des Energiespektrums Hellsichtigkeit besitzen. Es bedarf einer hochentwickelten Medialität und großer Erfahrung, jedes einzelne Chakra oder gar das komplette System in allen seinen Facetten zu »sehen«. Diese natürliche Limitierung der uns möglichen Wahrnehmung mag in der Praxis frustrierend sein, vor allem dann, wenn der Wunsch zu helfen groß ist. Doch erscheint sie unter einem anderen Aspekt geradezu als unerläßliche Voraussetzung für ein einigermaßen harmonisches Verhältnis zwischen Mensch und Umwelt. Man denke nur daran, daß die Ausübung derartiger Fähigkeiten einen Grad an Verantwortungsbereitschaft erfordert, den die Menschheit als Ganzes offensichtlich noch nicht erreicht hat. Immerhin steuert das Chakrensystem nichts weniger als die Gesamtheit aller Lebensprozesse, die in der Reichweite des Menschen liegen.

Chakren können nicht nur in ihrer »energetischen Gestalt«, sondern darüber hinaus auch als Farben wahrgenommen werden. Auch hier stellt sich ein grundlegendes Problem. Die Wahrnehmung von Farben wird normalerweise in jenem Teil unseres Bewußtseins gebildet, der ans Gehirn gebunden ist. Augen und Sehnerv übertragen bioelektrische Informationen, die im Sehzentrum des Gehirns in farbige Bilder umgewandelt werden. Die Farbbildekräfte sind nun nicht bei allen Menschen gleich, denken wir nur an die unterschiedliche Wahrnehmungsfähigkeit von Nuancen der Mischfarbe Blaugrün oder an die gar nicht so seltene »Farbenblindheit«. Die Wahrnehmung der Farben eines Chakras findet nun nicht auf »sinnliche« Art und Weise statt, jedoch gibt es, wie wir bereits gesehen haben, auch auf der außersinnlichen Ebene Abstufungen in der individuellen Wahrnehmungsfähigkeit. Man kann sagen, daß aufgrund der besonderen Komplexität dieser Art von Wahrnehmung die potentiellen Mängel des Farbensehens viel größer sind. Außersinnliches Sehen ist ein Sehen ohne Sehen, ist – man verstehe das Wort ohne Wertung –

Einbildung, das heißt letztlich, es ist ein rein innerpsychischer Vorgang. Sich Farben und Formen vorzustellen ist eine mentale Leistung, die von Mensch zu Mensch sehr unterschiedlich vollbracht wird. Unser Bewußtsein ist auf die Zusammenarbeit mit dem Sehzentrum konditioniert. Es ist so geübt darin, mit diesem Teil des Gehirns zusammenzuarbeiten, daß wir uns diese Arbeitsbeziehung zunutze machen können, in dem wir durch einen Akt bewußter Konzentration vor unserem »inneren Auge« Farben und Formen ohne Sehen erzeugen. Das nennt man Imagination, genauer: Visualisation. Ohne Zutun des Willens vollzieht sich der gleiche Vorgang im Schlafe, wenn wir träumen.

Die natürliche Fähigkeit des Menschen, im Sehzentrum Farben und Bilder ohne die physischen Augen zu produzieren, kann durch kontrollierte Meditationsübungen erheblich verbessert werden. Meditative Imaginations- bzw. Visualisationsübungen sind der Einstieg ins außersinnliche Sehen. Man beginnt mit der Visualisierung der Aura einer anderen Person, und auf einer fortgeschrittenen Stufe werden die Abstrahlungen der einzelnen Organe als Farben visualisiert. Wichtigstes Ziel ist natürlich die Wahrnehmung der Chakren selbst, doch es ist auch sehr schwierig. Das liegt vor allem daran, daß die Energie jedes dieser Zentren in einem ihm eigenen, individuellen Frequenzbereich schwingt und daß es darüber hinaus zu Frequenzüberlagerungen kommt. Es ist sozusagen ein bewegtes Auf und Ab in jedem einzelnen der Zentren und in ihrer Kommunikation untereinander an der Tagesordnung. Dies kann auch gar nicht anders sein, da ihre grundlegende Aufgabe ja die Transformation unterschiedlichster kosmischer Frequenzen ist, um diese der Verarbeitung auf den Ebenen von Körper, Geist und Seele zuzuführen.

Die Verfasser der traditionellen indischen Texte, die sich

den Chakren widmen, wählten symbolträchtige Begriffe, »Wurzelsilben« (Bija), Gottesnamen, Tiergestalten und eine ganze Galerie metaphorischer Bilder, um die Energiedynamik der Chakra-Aktivität auszudrücken. Ein funktionierendes Chakra stellten sie durch eine geöffnete Blüte dar, wobei seine schnellere oder langsamere Schwingungsfrequenz durch die Anzahl der Blütenblätter angezeigt wird. Ihre Anzahl reicht von vier, wie beim Wurzelchakra, dem Transformationszentrum des langwelligsten Energiebereichs, bis unzählig, wie beim »Tausendblättrigen Lotos«, dem Scheitelchakra.

Da jede einzelne Farbe in unserer Wahrnehmung eine bestimmte Wellenlänge des Lichts repräsentiert, können die Chakren in aufsteigender Reihenfolge den Frequenzen der Farben zugeordnet werden.

Das erste Chakra	rot
Das zweite Chakra	orange
Das dritte Chakra	gelb
Das vierte Chakra	grün
Das fünfte Chakra	blau
Das sechste Chakra	violett
Das siebte Chakra	weiß

(Siehe Farbtafel 2)

Da das sogenannte »reine« weiße Licht tatsächlich alle Frequenzen des Lichtspektrums und damit alle Farben enthält, kann das siebte Chakra auch in allen Farben aufleuchten; charakteristisch ist dabei die Helligkeit der jeweiligen Farbtöne. Manchmal ist es weißglänzend (siehe Farbtafel 3).

Diese Farbzuordnung hat sich international durchgesetzt.

Die Einübung des inneren Farbensehens, am besten in

geführten Meditationen in der Gruppe, führt bei vielen Personen bereits nach wenigen Tagen zu deutlichen Erfolgen. Die obige Zuordnung von Chakren und Farben wird vom Unterbewußtsein ohne weiteres akzeptiert; wer praktische Erfahrungen sammeln will, sollte sich nicht damit aufhalten, durch intellektuelle Anstrengung die unterschiedlichen Systematiken, die wir in der Literatur finden, in den Griff zu bekommen. Nach einer gewissen Zeit, die von Person zu Person recht unterschiedlich ausfallen kann, wird in der Meditation, wenn wir uns auf eine Person ausrichten, schrittweise oder plötzlich ein bildhaftes Erleben der Chakren einsetzen, welches stark subjektiv geprägt ist. Durch beständige Übung kann die Visualisationsfähigkeit so weit entwickelt werden, daß bei bewußtem Betrachten einer Person die Chakren tatsächlich als schwaches Leuchten wahrgenommen werden, was auf eine »Objektivierung« der Wahrnehmungsfähigkeit hindeutet. Ist dieser Zustand erreicht – und das kann Jahre dauern –, werden beim außersinnlichen Sehen im Verlauf weiterer Bemühens sogar Form- und Farbabweichungen sowie Helligkeitsunterschiede erkennbar. Damit ist die Stufe erreicht, auf der die eigentliche diagnostische Arbeit beginnen kann.

Hier sollte unbedingt beachtet werden, daß die Fähigkeit zur qualifizierten Chakrendiagnose erst dann erreicht ist, wenn die eigenen Ergebnisse durch andere Sensitive bestätigt werden können. Gruppenarbeit ist zu empfehlen, damit aus Subjektivität Objektivität wird. Dieser Weg, vom ersten Wahrnehmen der Chakren bis zu einer brauchbaren Diagnose, nahm bei mir persönlich ungefähr zehn Jahre in Anspruch. Das ist eine lange Zeit, aber ich mußte meinen Weg mehr oder weniger allein gehen und die meisten Lernschritte selbst entwickeln. Wer heute beginnt, diesen Weg zu beschreiten, kann auf den Erfahrungen derer aufbauen, die ihn bereits gegangen sind. Das vordringliche Problem bei der außersinnlichen Wahrnehmung ist es, die Verdichtungs- oder Transformationsebene zu bestimmen. Verglichen wir in unserer Arbeit die Aussagen von Sensitiven über den Zustand eines Chakras oder des ganzen Systems einer Testperson, konnten wir bald bestimmen, auf welcher Ebene die Wahrnehmung lag. Die Auswertung von einigen hundert medial gewonnenen Beschreibungen führte zur Erkenntnis, welche Anzeichen jeweils darauf hinweisen, in welchem Bereich genau eine Krankheit liegt: im körperlichen, psychosomatischen oder seelischen Bereich. Das ist besonders wichtig für die Heilung und für die weitere Ausbildung von Heilern in allen Bereichen der Heilkunde. Gestützt auf diese Ergebnisse, entwickelten wir ein Schema aller Charakteristika des Chakrensystems, die von Bedeutung für Diagnose und Heilanwendungen sind.

Die Chakrenenergie ist Geist-Seelen-Energie; sie dirigiert alle Lebensvorgänge in uns und alle anderen daran beteiligten Energiesysteme. Dazu gehören die Erzeugung und Steuerung von Nervenenergie bzw. Bioelektrizität, das biomagnetische System, die Meridiane bzw. Akupunkturbahnen und das Zusammenwirken aller Energiebereiche, auch unser gesamtes Denken und Fühlen sowie die Verarbeitung der vielfältigen Sinneseindrücke. Jedes Chakra steuert ganz bestimmte endokrine Drüsen und das Chakrensystem übergreifend das gesamte Endokrinum (siehe Farbtafel 4). Mittels der Hormone und Enzyme ist es in der Lage, alle körperlichen Funktionen zu erreichen. Es löst Heilungsprozesse aus, reguliert die Tätigkeit des Immunsystems, ermöglicht die Zellregeneration, hält die Organfunktionen und alle Stoffwechselprozesse aufrecht. Mittels der Hormone als elektrochemischer Schlüssel stellt es seine direkte Verbindung zu den energetischen Systemen und physischen Funktionen, einschließlich ihrer Wechselwirkungen, her (siehe Farbtafel 4).

Jedes einzelne Chakra hat spezielle Aufgaben, sowohl im physischen als auch im energetischen Bereich. Die Eigendynamik der einzelnen Chakren ist allerdings von Mensch zu Mensch verschieden, und ihre Stärke oder Schwäche entscheiden jederzeit über unser Wohlbefinden. Ob es unsere willentliche Kraft (Wurzelchakra), das Verarbeiten von Eindrücken (Milzchakra) oder das Zusammenspiel der fünf Sinne (Stirnchakra) ist: alles wird von der geistig-seelischen Kraft in den Chakren bestimmt (siehe Farbtafel 5). Abweichungen von der normalen Eigendynamik eines Zentrums führen zu psychosomatischen Erkrankungen, beispielsweise dann, wenn das Zusammenspiel zwischen Energie- und Körperebene aufgrund von Spannungslosigkeit zusammenbricht oder aufgrund von Überspannung Überreaktionen produziert. Diese Abweichungen sind immer als Form- und Farbveränderungen der Chakrenenergie »außersinnlich« zu sehen, kön-

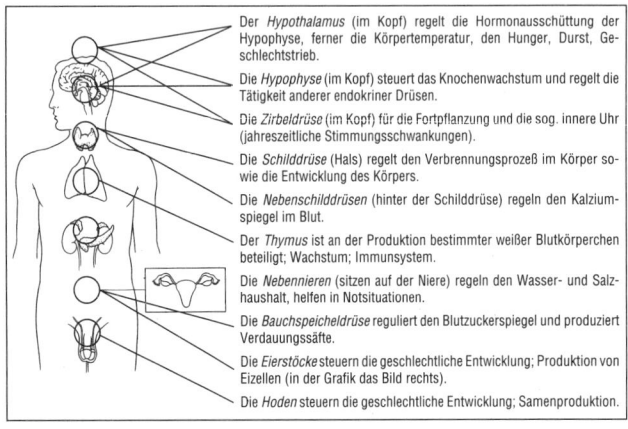

Der *Hypothalamus* (im Kopf) regelt die Hormonausschüttung der Hypophyse, ferner die Körpertemperatur, den Hunger, Durst, Geschlechtstrieb.

Die *Hypophyse* (im Kopf) steuert das Knochenwachstum und regelt die Tätigkeit anderer endokriner Drüsen.

Die *Zirbeldrüse* (im Kopf) für die Fortpflanzung und die sog. innere Uhr (jahreszeitliche Stimmungsschwankungen).

Die *Schilddrüse* (Hals) regelt den Verbrennungsprozeß im Körper sowie die Entwicklung des Körpers.

Die *Nebenschilddrüsen* (hinter der Schilddrüse) regeln den Kalziumspiegel im Blut.

Der *Thymus* ist an der Produktion bestimmter weißer Blutkörperchen beteiligt; Wachstum; Immunsystem.

Die *Nebennieren* (sitzen auf der Niere) regeln den Wasser- und Salzhaushalt, helfen in Notsituationen.

Die *Bauchspeicheldrüse* reguliert den Blutzuckerspiegel und produziert Verdauungssäfte.

Die *Eierstöcke* steuern die geschlechtliche Entwicklung; Produktion von Eizellen (in der Grafik das Bild rechts).

Die *Hoden* steuern die geschlechtliche Entwicklung; Samenproduktion.

Drüsen des menschlichen Körpers

nen aber auch mit dem Pendel oder Biotensor gemessen werden.

Alle Chakren sind mit der Kundalini verbunden – oder besser: in ihre dynamischen Bewegungen eingebunden. Auch die Vernetzung der drei Haupt-Energiebahnen kann gestört sein, etwa wenn einzelne Chakren mit ihrem pulsierenden Zentrum seitwärts verschoben sind, nach vorn heraustreten oder aus der senkrechten Normallage herauskippen. Ein »Wegdrehen« von der Kundalini-Achse kommt einer Abnabelung vom natürlichen Fluß der Energien gleich und führt deshalb regelmäßig zu psychisch-seelischen Problemen. Verschiebungen dieser Art können nach einiger Übung ebenfalls außersinnlich gesehen werden (siehe Farbtafel 6 a – f). Zu beachten ist: Messungen mit dem Biotensor zeigen bei den Chakren zwei bis sechs deutliche Schwingungsunterschiede an, je nachdem, ob vorn oder hinten gemessen wird.

Das Kommunikationsnetz aller Chakren untereinander wird traditionell Nadisystem genannt. Sein Erscheinungsbild gibt Auskünfte über Charaktereigenschaften, Neigungen, Bedürfnisse, Stärken und Schwächen eines Menschen. Die außersinnliche Wahrnehmung dieser energetischen Vernetzung erfordert hohe Medialität und viel Erfahrung. Mit dem Biotensor und Abtastelektroden können größere Ausfälle oder fehlende Verbindungen gemessen werden.

Außersinnliche Betrachtungen bzw. Tensormessungen bieten also insgesamt gute Möglichkeiten einer Diagnosestellung.

Fassen wir die drei Diagnosebereiche hier zunächst kurz zusammen: Form- und Farbveränderungen am Chakra oder unrunde Schwingungen mit dem Tensor sind Hinweise auf psychosomatische Erkrankungen. Loslösungen der Chakren von der Kundalini oder unterschiedliche Rotationen zwischen vorderen und hinteren Messungen eines Chakras mit dem Tensor zeigen psychisch-seelische Probleme an. Das Beurteilen der Nadis, außersinnlich oder mit dem Tensor erfaßt, ermöglicht Einblicke in die Charaktereigenschaften eines Menschen.

Alle Anomalien des Chakrensystems, ob Verzerrungen des Nadisystems, Loslösungen von der Kundalini oder energetische Deformationen einzelner Chakren, sprechen auf Geistheilung (das heißt letztlich auf die Übertragung von Chakrenenergie) an, nicht aber auf Allopathie, schwach auf Homöopathie und Psychotherapie. Eine Veränderung der energetischen Struktur, egal welcher Art, ist immer mit einer Veränderung von Lebenseinstellungen verbunden. Dieser Wandel kann im Bewußtsein stattfinden – im Denken, Fühlen und Handeln – oder tief im Unbewußten, indem sich grundlegende seelische Strukturen verändern. Heilungen des Chakrensystems vermögen auf allen Ebenen zu wirken: psychisch, körperlich und psychosomatisch. Eine Heilung am einzelnen Chakra oder am Gesamtsystem wird aber erst dann von Dauer sein, wenn sie von Bewußtwerdungsprozessen begleitet ist.

Im Chakrensystem wird das Profil unserer Persönlichkeit einschließlich unserer physischen Konstitution erkennbar. Qualitativ hochwertige Verbindungen und Funktionen aller Chakren sind gleichbedeutend mit hohen menschlichen Qualitäten. In diesen energetischen Strukturen ist unser Bewußtsein verankert, bis hin zum Geistigen und Göttlichen auf der Ebene des siebten Chakras. Umgekehrt kann gesagt werden: Gilt unser Bemühen der Bewußtseinserweiterung, dem Erlangen von Weisheit, und nutzen wir unsere Lebenserfahrung zur Selbstverwirklichung, dann wird sich auch unser Chakrensystem verbessern. Jedes erfolgreiche Bemühen, unser Bewußtsein anzuheben, zeigt sich in einer optimierten Chakrendynamik.

Die Arbeit an uns selbst und an den Chakren kann die Energiedichte und Information so verstärken, daß Medialität entsteht. Medialität – was nichts anderes heißt als Vermittlung geistiger Energie – ist immer gleichbedeutend mit der Aktivierung eines oder mehrerer Chakren. Die damit verbundene Steigerung seiner/ihrer Funktion kann so weit gehen, daß die Wirkung physikalischer Gesetze verändert oder aufgehoben wird. Dann kommt es zu »paranormalen« Ereignissen wie Psychokinese, Entmaterialisation, Spontanheilungen und Geisteschirurgie.

Über die Wirkungsweise der einzelnen Chakren

Es sei daran erinnert, daß die Chakren nicht nur Transformatoren rein geistiger Energie sind, sondern als Energiewandler zwischen allen bioenergetischen Feldern wirken. Sie transformieren und vermitteln auch zwischen biomagnetischen und bioelektrischen Energien. Sie transportieren und wandeln, nehmen mehr Energie auf, wenn mehr gebraucht wird, und strahlen sie zurück, wenn ein Überschuß vorhanden ist. Sie sind in jeder Hinsicht die Schaltstellen des Lebens. Ihre Domäne ist ein ständiges Wirbeln, ein Auf und Ab zwischen Körper und Psyche, aufsteigend bis zum feinsten Geistigen und wieder absteigend in die robusteste Körperlichkeit. Dieses wirbelnde Geschehen weist die Tendenz auf, man möchte sagen: es ist bestrebt, seine geometrische Struktur und die Ordnungsmuster der verschiedenen Ebenen zu erhalten. Getragen von universellen Gesetzen, gelingt es unserem Geist und unserer Seele, die energetischen Spannungen und ihre Wechselwirkungen aufrechtzuerhalten.

Das Chakrensystem weist, wie wir gesehen haben, zwölf strudelnde Öffnungen auf. Die Zahl zwölf wirkt in allen Bereichen als stabilisierende und harmonisierende Kraft: in der Zeitmessung, in der Musik (zwölf Halbtöne in der Oktave), in der Einteilung des Himmelsäquators (zwölf

Sternzeichen). Auch in der religiösen Überlieferung spielt sie eine große Rolle; so hatte Jesus zwölf Jünger. Der Beispiele sind viele – in jedem Fall scheint das »runde Dutzend« Einteilung, Maß und Harmonie zu signalisieren. So auch bei unserem Chakrensystem: Seine wirbelnden Öffnungen und Zentren sind ein Garant dafür, sowohl Ordnung zu wahren als auch Wandlung zuzulassen. Unser physisches Universum wird beherrscht von wirbelnden Energiemustern und -systemen. Überall, wo Bewegung, Veränderung und Transformation geschehen, sind die Spirale und der Wirbel anzutreffen – im Kleinsten wie im Größten. Die Elektronen wirbeln um den Atomkern, die Planeten um die Sonne, Sonnen formen sich im Weltall zu Spiralnebeln. Wenn Wasser fließt, strudelt es. Unser Wetter wird beherrscht von wirbelnden Luftmassen, den Hoch- und Tiefdrucksystemen. Dort, wo elektromagnetische Energien in ihren Spannungen verändert werden sollen, bevorzugt man Wicklungen und Spulen.

Aufbauend auf die ordnungsgebende, harmonisierende Zwölferteilung und die wirbelnden, dynamische Veränderungen ermöglichenden sieben Zentren, haben wir es bei den Chakren mit einem äußerst wirksamen und gleichzeitig stabilen System zu tun. Wenn durch Krankheits- oder Leidenssymptome Unordnung oder Einseitigkeiten in der polaren Ordnung unserer Bioenergien auftreten, vermögen die dynamischen Prinzipien des Chakrensystems den Ausgleich wiederherzustellen – jedes Chakra für sich und alle gemeinsam im Verbund.

Bevor wir die sieben Chakren einzeln betrachten, möchte ich sie noch einmal aus der folgenden Sicht beschreiben: Was bedeuten sie für unser menschliches Leben und unsere Entwicklung als beseelte, mit Bewußtsein begabte Wesen? Leben ist Geist, der Geist erschafft die Seele und beide zusammen den Körper. Dadurch »sind« wir eigentlich

Geist-Seele und beleben unseren Körper. Der Körper, den wir haben, ist nicht im Wortsinne von uns erschaffen worden – »wir haben ihn beseelt«. Wir, als Seele, treten in einen von unseren Eltern und Ahnen nach den biologischen Gegebenheiten erschaffenen Körper hinein. Unsere Seele ist kraft ihrer Erfahrung in der Lage, die einfließenden geistigen Energien ins Physische zu übertragen – dies nennt man Reinkarnation. Wir übernehmen und beseelen den noch kleinen Körper, ein Wunderwerk der Evolution. Während wir im Körper heranwachsen, entfaltet sich unser Bewußtsein. Wir trainieren und programmieren unseren physischen Leib, formen mit unseren mitgebrachten Fähigkeiten und Talenten unsere Psyche und dirigieren die Psychosomatik. In den ersten zwölf Lebensjahren entwickelt sich dabei Schritt für Schritt unser Chakrensystem.

Geburt und Manifestation des Lebenswillens gehören ebenso zusammen wie das Aufrichten des Körpers, das Erlernen von Sitzen, Stehen und anderer grundlegender motorischer Fähigkeiten in den ersten beiden Lebensjahren. Diese noch unbewußten Prozesse sind dem Wurzelchakra zugeordnet. Im dritten bis vierten Lebensjahr kommt das zweite Chakra zur Entfaltung. Noch steht die psychomotorische Entwicklung im Vordergrund: Stehen, Gehen, Sprechen und Sauberkeitsgewöhnung. Die vom ersten Chakra aufstrebende Kraft fördert die Bildung des Eigenwillens, Standpunkte entwickeln sich; nachdem das Kind seine Beine zu gebrauchen gelernt hat, gehört nunmehr das »Auf-eigenen-Beinen-Stehen« im übertragenen Sinne zum Entwicklungsprogramm. Dem Fremdwillen wird der Eigenwille entgegengesetzt. Es kommt zu den ersten Trotzreaktionen. Mit der Aktivierung des dritten Chakras im fünften bis sechsten Lebensjahr entwickelt sich die Wahrnehmung der Individualität der anderen Menschen und wichtiger Merkmale der persönlichen Umwelt. Die fort-

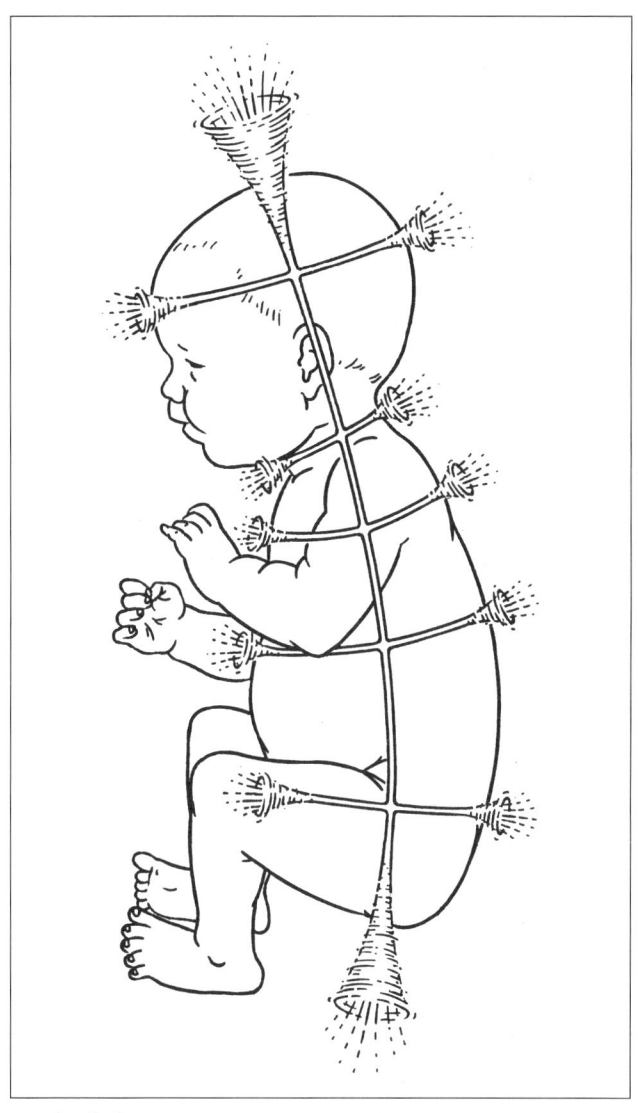

Kinderchakren

schreitende Verarbeitung der gesammelten Eindrücke führt zur Ichbildung. Das Geschehen im siebten und achten Lebensjahr ist vom Herzchakra geprägt und damit auch die Hälfte des Entwicklungsweges zurückgelegt. Das Gehirn ist ausgewachsen, der erste Gestaltwandel findet statt (Zahnwechsel, Veränderungen der Körperproportionen). Die Schulreife ist erlangt und damit auch die Notwendigkeit einer Ablösung von den Eltern. Das Herzchakra, unter anderem verantwortlich für inneres Wachstum, übernimmt nun die Führung in neue Lebensräume und Lernphasen. Die Aktivierung des fünften Chakras im neunten und zehnten Lebensjahr sorgt für eine realitätsgerechte Zuwendung zur Umwelt. Die Zeit des mystischen Denkens (»Märchenalter«) ist vorbei. Das Lernen steht im Vordergrund, und die dafür mitgebrachte Grundausrüstung, die Talente, werden sichtbar. Das elfte und zwölfte Lebensjahr ist geprägt von der Aktivierung des Stirnchakras. Dies ist der Bereich des Erkennens, des Wahrnehmens und des intellektuellen Aufnehmens. In keinem anderen Lebensabschnitt eignet sich der Mensch so viel Wissen an wie jetzt. Wissensdurst, Lerneifer und Erkenntnisdrang erwachen mit der Belebung des Stirnchakras.

Der erste große Entwicklungsabschnitt ist durchlaufen. Auf unserem Weg durch Zeit und Raum wird die menschliche Natur, ein Wunderwerk der Evolution, dem Bewußtsein die Möglichkeit bieten, durch den Körper, über den Körper und mit dem Körper die Welt und die Schöpfung in ihren Gesetzmäßigkeiten verstehen zu lernen. Dieses umfassende Verständnis bildet sich dank der Kräfte des siebten Chakras heraus.

Wir als beseelte Wesen sind die Vermittler zwischen Geist und Materie, zwischen dem kreativen Geist-Gottesbewußtsein und der passiven Geist-Physis des Universums. Bei der Übersetzung der Energien des Geistes, der in die sieben Chakren einfließt, lernen wir, uns selbst und die Schöpfung zu verstehen. Man kann sagen, das »Zuhause« der Seele sind die Chakren! Durch jedes einzelne Chakra werden wir mit spezifischen Energiemustern vertraut gemacht. Gelingt es uns als Individualseele, die geistigen Ströme richtig in die materielle Seinsebene zu übersetzen, dann sind wir gesund, glücklich und zufrieden. Jedes Chakra weist seine besondere Eigendynamik auf und versorgt unser Bewußtsein mit ganz bestimmten Informationen. Unser Lernprozeß als Seele liegt in der Wahrnehmung dieser geistigen Vollkommenheit, die durch uns strömt und die das Wunderwerk der Schöpfung – unseren Körper – belebt.

Wenden wir uns den einzelnen Zentren mit ihren jeweiligen Funktionen zu. Bei diesen Einzelbetrachtungen dürfen wir allerdings nicht vergessen, daß jedes von ihnen nur ein Teil des Gesamtsystems ist. Wir können mehrere gut ausgeprägte Chakren haben, und doch leben wir mit vielen Problemen, wenn sich möglicherweise nur eine einzige Unvollkommenheit zeigt. So, wie bei einer Kette das schwächste Glied die Tragkraft bestimmt, prägt das schwächte Chakra unsere Lebensqualität.

Das Wurzelchakra

Das Zentrum des Wurzelchakras (siehe Farbtafel 7) befindet sich am unteren Ende der Wirbelsäule, am Steißbein. Es ist, wie alle anderen Chakren, eine 6 bis 10 cm große, linsenförmige, stehende Scheibe. Das Besondere an diesem Energiezentrum ist, daß es mit dem Scheitelchakra über die Kundalini verbunden ist. Die einfließende geistige Energie vom obersten Chakra ist nach heutigem Wissen einpolig und wird von Sensitiven als blauer Energiestrang gesehen. Hier, im Wurzelzentrum, wird sie in bipolare Energie aufgebrochen. Dabei entsteht eine wirbelnde Dynamik, die von unten her, durch den Raum zwischen den Oberschenkeln, irdische Energie ansaugt. Dabei bildet sich der für alle Chakren typische trichterförmige Strudel. Vom Wurzelchakra aus verlaufen in der Farbe Rotorange zwei Energiestränge, Ida und Pingala genannt, die sich spiralförmig um den »blauen Strahl« nach oben winden und sich im Scheitelchakra vereinen. Diese drei Energiebänder wurden schon vor Tausenden von Jahren in indischen Texten beschrieben und als Lebens- und Vitalitätsachse erkannt. Eine symbolische Darstellung dieses für Entstehung, Entwicklung und Erhalt des menschlichen Lebens fundamentalen Zusammenhangs findet sich auch in unserer eigenen Kultur, nämlich im schon erwähnten

Äskulapstab. Dieses Symbol zeigte früher explizit zwei sich um einen Stab ringelnde Schlangen und war damit eine bildhafte Analogie zu den Aussagen der indischen Texte: In diesen wird der dynamische Aspekt der aufsteigenden Kundalinikraft auch Schlangenkraft genannt.

Die sich im Wurzelchakra zentrierende Energie, aus der Einheit des Geistigen geboren, verstärkt mit irdischen Energien, somit die Polarität in sich tragend, bildet im Physischen wie im Psychischen die tragende Kraft unserer Vitalität. Bei vielen Menschen, die zu mir kamen und über Antriebsschwäche, Müdigkeit oder Kraftlosigkeit klagten, zeigte sich eine geschwächte Energie, die unter 50 Prozent des Normalwertes lag. Aus dem schönen warmen Rot, das sonst hier leuchtet, war Rotbraun oder Rot mit dunklen Flecken geworden.

Das Wurzelchakra ist der Repräsentant unseres Willens. Durch die beiden aufsteigenden Energiebänder wird die aktiv/passive Polarität unserer Absichten und Verhaltensformen angezeigt. Das Wollen oder Nichtwollen, Handeln oder Nichthandeln »fließt« aufsteigend zu den anderen Chakren und beeinflußt deren Entfaltung. Ist der aktive Wille stark, zeigen wir Durchhaltevermögen, Kampfgeist, Siegeswillen und Fleiß. Überwiegt hingegen der passive Aspekt, wird aus Durchhaltevermögen Flucht, aus Kämpfen Nachgeben, aus Fleiß Faulheit. Sind die Kräfte ausgeglichen, »stehen wir fest mit beiden Beinen auf der Erde«, wie der Volksmund sagt, womit gemeint ist, daß unsere Verhaltensweisen ausgewogen sind. Dieses Tun oder Nichttun, unsere Absichten werden hier – im Wurzelchakra – aus der Einheit des Geistes in die Polarität gehoben. Es ist der freie Wille, der uns gegeben ist und der diese Entwicklung entscheidend gestaltet.

Unsere Seele, als Übersetzer des Geistigen ins Irdische, kann im tief unbewußten Bereich Willensenergien aus dem

Wurzelchakra liefern, die ausreichen, um Leid und Karma, unser ganzes Schicksal anzunehmen und auszuleben. Diese Kräfte können so zwingend sein, daß wir uns quälen müssen, um überhaupt etwas zu erreichen, im individuellen wie auch im kollektiven Bereich. Die Antriebsenergien können auch das Gegenteil bewirken, zum Beispiel, sich zu lösen von allen Bindungen wie Heimat, Familie, Rasse, Beruf und anderen kollektiven und individuellen Zugehörigkeiten. Es ist die geistige Kraft, die hier von oben einströmt, die uns bei bestimmten karmischen Bedingungen dazu bringt, uns so oder so zu verhalten, um dieses oder jenes zu durchleben. Wir haben den freien Willen, aber nicht immer kann der Mensch tun, was er will. Unsere Willensfreiheit wächst, wenn wir uns dieser Kräfte bewußt werden und den Lebenssinn erfassen. Unsere Seele, unser Bewußtsein lernt und wächst mit dem Körper, durch den Körper und über den Körper hinaus. Unser Körper und unser Verbundensein mit anderen Menschen, mit Umwelt und Natur ermöglichen uns den Weg zur Vollkommenheit.

Das Wurzelzentrum belebt auf der körperlichen Ebene unsere Beine und stellt für alle Knochen, Muskeln, Sehnen und Bänder Energie bereit, die ihrem Aufbau sowie Erhalt dienen. Zellwachstum und -degeneration werden, wie wir sehen werden, vom vierten, dem Herzchakra, gesteuert, aber die Willenskraft des Körpers liefert die Energie dazu. Wenn wir kranke oder schwächliche Menschen sagen hören: »Mein Körper macht es nicht mehr«, ist es genau das, was ich hier erklären möchte. Des weiteren werden vom ersten Chakra die äußeren Geschlechtsorgane und beim Mann auch noch die Triebkräfte aktiviert. Beim Mann liegen alle Geschlechtsorgane und die dazugehörigen Hormondrüsen im Bereich des Wurzelchakras, bei der Frau nur teilweise. Der daraus resultierende Unterschied im Ausdruck des Sexuellen ist beträchtlich. So kann die Sexualität des Mannes dumpfe oder fanatische Formen annehmen.

Für die Vereinigung ist jedoch das zweite Chakra zuständig. Und hier, auf höherer Ebene, lernen Frau und Mann die Gegensätze auszugleichen und die Sexualität in Richtung einer idealen Liebesauffassung zu entwickeln. Die Sexualität ist ein Weg, über eine höhere Ausrichtung animalische Verhaltensweisen zu überwinden. Einer der wichtigsten Prozesse, vielleicht der wichtigste überhaupt, ist, die Kräfte des Wurzelchakras zu transformieren und in die Bereiche der anderen Chakren zu heben. Diese Kräfte können beträchtlich sein. Wenn bei medialen Menschen oder Heilern psychokinetische Kräfte erkennbar werden oder Materialisationen und Entmaterialisationen auftreten, baut sich im Wurzelchakra gegenüber dem Normalen die mehrfache Energie auf. Mediale Wurzelchakra-Energie ist atomare Kraft. Sie kann im Verbund mit anderen Chakren in deren Wirkungsbereiche einfließen und physische Veränderungen bewirken, die außerhalb der physischen Erklärbarkeit liegen.

Die schwierigen Seiten des Wurzelchakras liegen in der Beherrschbarkeit dieser meist unbewußten Energien. Die mediale Kraft mag als schwarze Magie benutzt werden. Kämpfen und Siegen-Wollen kann Zerstörung und Unterdrückung bringen, anderen weh tun und sie verletzten. Die betonte Ausübung von Macht und Gewalt zeigt sich als circa 10 cm großes hellrotes erstes Chakra. Des öfteren erscheint dieses Zentrum auch unrund, flackernd oder ausgefranst. Dies ist ein Hinweis auf Fehlfunktionen im Physischen, zum Beispiel Hämorrhoiden, Blasenschwäche oder Störungen im Energiefluß der Beine.

Das Sakral- oder Ausscheidungschakra

Das zweite Chakra (siehe Farbtafel 8), im Unterbauch ge-
legen, bereitet von jeher Schwierigkeiten bei der Zuordnung seiner Aufgaben. Bei keinem anderen Chakra sind
die Funktionsbeschreibungen so widersprüchlich und
manchmal sogar unverständlich wie in mancher Fachlite-
ratur. Erst nach jahrelanger Beobachtung und Messung
der Energien im Vergleich mit psychischen Aktivitäten,
Charaktereigenschaften und körperlichen Fehlfunktionen
konnten wir die breite Palette der steuernden Impulse erkennen. Die Hauptaufgaben dieses Zentrums liegen eindeutig im Bereich der Ausscheidungsprozesse. Immer wieder zeigten sich bei Über- oder Unterfunktion des zweiten
Chakras Ausscheidungsprobleme. Funktionieren die Ausscheidungsprozesse nicht richtig, führt dies zur Selbstver-
giftung durch körpereigene Gifte, die in allen Bereichen
des Lebens Krankheiten erzeugen können, sei es durch Ab-
lagerungen, Störungen des Immunsystems oder bei der
Vielzahl der Stoffwechselprozesse. Aus diesem Grund
nennte ich das zweite Chakra Ausscheidungschakra.

Bevor wir uns den vielseitigen Aufgaben dieses Chakras
zuwenden, wollen wir die in seinem Bereich charakteri-
stischen extremen Energieströme betrachten. Die Einstrudelungen, meist in orangefarbigem Licht gesehen, liegen

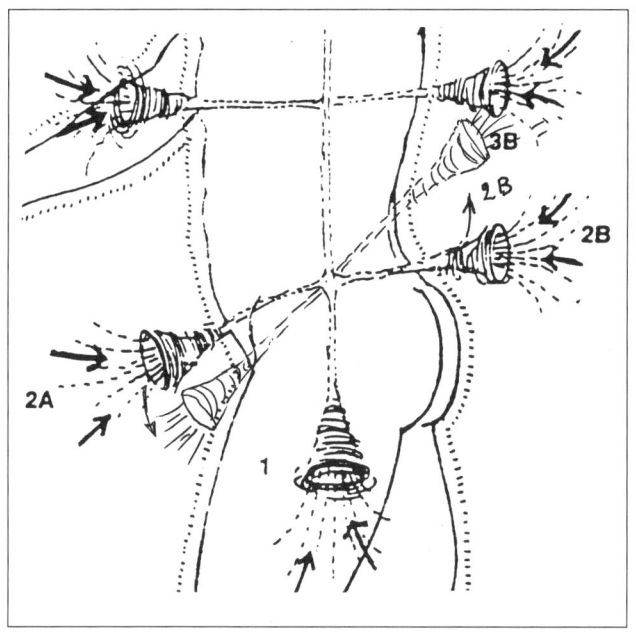

Schwache und starke Schräglage der Einstrudelung

vorn tief im unteren Bereich des Bauches und verdichten sich in Richtung des oberen Lendenwirbelbereichs. Eine weitere Einwirkung im Rückenbereich liegt unterhalb der Nieren. Diese Schräglage der Strudel wird von chakrasichtigen Menschen sehr leicht als Überlagerungen wahrgenommen. Zum einen liegt die hintere Öffnung auf der Höhe des dritten und die vordere teilweise im Erscheinungsbild des ersten Chakras. Zum anderen kommt als Erschwernis der außersinnlichen Wahrnehmung oder bei radiästhetischen Messungen das starke Pulsieren dieses Chakras hinzu. Rechts- und linksdrehende Wirbel überlagern sich, schwingen ineinander, steigen auf und ab, immer bestrebt, einen Ausgleich zwischen rechts und links, oben und unten, plus und minus zu finden. Dieses Chakra steuert Polaritäten. Es ist verantwortlich für unsere Kreativität im ewigen Ausgleich der Gegensätze.

Auf der körperlichen Ebene steuern seine Energien den Säure-Basen-Haushalt, alle chemischen Reaktionen der Entgiftung, die »molekulare Ebene« der Zersetzung und Auflösung sowie alle Ausscheidungsprozesse. Hier liegt auch die Basis des Geruchssinns. Wie gesagt, ist die Ausscheidung im umfassendsten Sinne die Domäne dieses Zentrums. Es geht dabei nicht nur um die Ausscheidungen über den Darm und die Harnwege, denn auch das Bindegewebe als Speicher- und Ablagerungs- sowie die Haut als Ausscheidungsorgan werden von hier aus gesteuert, ebenso wie das Deaktivieren und Ausscheiden von Hormonen, besonders die Streßhormone über die Nebennieren, und nicht zuletzt Geburt und Orgasmus. Zu beachten ist, daß der Orgasmus beim Mann eine starke Wechselbeziehung zwischen Wurzel- und Ausscheidungschakra bedingt.

Diese vielseitigen Aufgaben auf der stofflichen Ebene werden noch übertroffen von denen im psychisch-seelischen Bereich. Immer wieder finden wir bei Patienten, die unter Unruhe, Gehetztsein und Streß leiden oder im Gegenteil ihre Angst und Antriebslosigkeit leben, Störungen im zweiten Chakra. Besonders dann, wenn das Yin und Yang, das Rechts- und Linksdrehen der Energien nicht ausgewogen verläuft, treten starke psychosomatische Reaktionen auf. Dies wird verständlich, wenn wir die körperbezogenen Steuerungsprozesse auf dieser Ebene betrachten und sie dem Psychisch-Seelischen zuordnen. Unsere Seele entscheidet mit Hilfe der Körperenergien, was brauchbar oder unbrauchbar ist, was verwertet oder ausgeschieden werden soll. Auch unser Bewußtsein soll erkennen, was gut oder schlecht für uns ist.

Nur über den bewußten Umgang mit diesen Polaritäten gelangen wir zur rechten Unterscheidung, erlangen wir die nötigen Erkenntnisse, welche der Kundalini den Weg ebnen, um von Chakra zu Chakra aufzusteigen. Getragen von den Energien des Wurzelchakras beginnt hier, im zweiten Zentrum, die große »Entgiftung« unseres Bewußtseins, jene innere Läuterung, durch die wir Ballast abwerfen und uns von den Schlacken der irdischen Existenz erleichtern, um in Richtung Erlösung voranzuschreiten.

Verstärkt sich durch unser bewußtes Bemühen die Energie dieser Ebene, bildet sich der erste Ansatz zur Medialität. Wird die Energie aber nicht angehoben, bleibt sie im Ausscheidungschakra stecken; dann besteht die Medialität im Schwarz- und Katastrophensehen und den entsprechenden »Wahrsagungen«. Diese Negativität der Wahrnehmung ist auf der betreffenden Entwicklungsstufe recht verbreitet. In eher seltenen Ausnahmefällen tritt der Gegenpol auf: Alles wird durch die rosarote Brille gesehen.

Fassen wir die Schwerpunkte des Gesagten zusammen: Wir lernen dank des zweiten Chakras, unseren Standpunkt im Leben einzunehmen, uns im umfassendsten Sinne zu reinigen durch Unterscheidung, Freigebigkeit, Nachsicht, Rechtschaffenheit und durch Vergangenheitsbewältigung. Gleichzeitig entwickeln wir dabei ein Gefühl für gut und schlecht, wir erkennen, was Sauberkeit oder Verdorbenheit ist, können Ballast abwerfen, uns erleichtern, lernen Vergebung. Es bildet sich ein Wissen darum aus, daß im Körper auch Zersetzung und Auflösung stattfinden müssen, ebenso wie sich auch in der äußeren Welt Dinge zersetzen und auflösen, um Neues zu formen.

Bei so tiefgreifenden Umwandlungsprozessen treten naturgemäß Ängste auf. Zerstörung und Auflösung werden als Verlust erlebt. Neues zu formen heißt, zu lernen und

Leistung zu bringen: dies wird als Angst vor der Zukunft empfunden. Solche Ängste zeigen sich auf der Chakrenebene in Form- und Farbveränderungen. Stehende oder diagonale Ellipsen treten an die Stelle der runden Form, oder das orangefarbene Licht wird bräunlich bis ockerfarben. Das Sakralchakra besitzt auch ein seelisches Gedächtnis! Dramatische Vorleben sowie unser persönliches Karma und Gruppenkarma lassen dieses Zentrum zittern und taumeln. Dies führt in extremen Fällen zu einer besonders ausgeprägten Schräglage der Einstrudelungsachse und zu horizontaler Ellipsenbildung, bis hin zur Loslösung von der Kundalini. Tritt dies ein, entstehen Urängste, unbegründete Ängste und Phobien. Störungen im zweiten Chakra sind sehr häufig und zeigen sich auch im Körperlichen. Die Qualität der Chakren bestimmt den Zustand der Organe und Funktionen im jeweiligen Einflußbereich. Wie wichtig es ist, sich diesem Karma zuzuwenden, es zu stabilisieren und zu heilen, zeigt sich in der Vielzahl der Erkrankungs- oder Funktionsstörungen auf seiner Einflußebene, im Falle des Ausscheidungschakras die Lendenwirbel, der zwölfte Brustwirbel, das Kreuzbein und die Hüftgelenke. Dieses Chakra pulsiert zwischen den Hüftschalen und bestimmt unser Voranschreiten – wörtlich und im übertragenen Sinn als Voranschreiten im Leben gemeint.

Im Organischen belebt es folgende Organe: Haut und Schleimhäute, Bindegewebe, Nieren und Harnleiter sowie den absteigenden Dickdarm, Eierstöcke und Gebärmutter bei der Frau und die Prostata beim Mann, außerdem den Säure-Basen-Haushalt, den Stoffwechsel und die Entgiftung. Funktionsstörungen des Sakralchakras können den ganzen Körper belasten. Denken wir dabei nur an den rheumatischen Formenkreis. Die Stabilisierung und der Aufbau dieses Chakras sind daher vorrangig wichtig für das allgemeine Wohlbefinden. Wenn die Basis nicht stimmt, Angst oder Übersäuerung unser Leben beeinflussen, haben wir grundlegende Probleme, möglicherweise trotz hoher Intelligenz und obwohl wir viel Liebe erhalten. Vervollkommnung ist immer schwierig, hier aber so wichtig, daß wir auch um Hilfe bitten sollten – wie im christlichen Gebet: Erlöse uns von allem Übel.

Hat unsere Seele, hat unser Bewußtsein das verstanden, haben wir hier unseren Standpunkt gefestigt, dann können wir problemlos in die nächste Lernebene voranschreiten.

Das Milz- oder Sonnengeflechtchakra

Das dritte Chakra pulsiert in gelbem Licht (siehe Farbtafel 9) oberhalb der Magengrube, dort, wo die Rippen ein V bilden, am Rücken auf der Höhe des achten bis neunten Brustwirbels. Alle Verdauungsorgane werden vom gelben Chakra gesteuert: Magen, Leber, Galle, Zwölffingerdarm, Dünndarm, aufsteigender und querliegender Dickdarm, die Milz mit der Bauchspeicheldrüse und der damit verbundenen Hormon- und Enzymsteuerung. Dieses Zentrum steht in ständigem Informationsaustausch mit dem Solarplexus, es reguliert die Darmflora und die Assimilation von Nährstoffen. Die Mikroorganismen der Darmflora, mehr als 100 verschiedene Arten von Bakterien und Pilzen, gehören strenggenommen nicht zu unserem eigenen Körper, und deshalb können wir sie nicht wie Körpergewebe heranwachsen lassen. Dieses Leben lebt in uns und geht eine Symbiose mit uns ein. Alles in unserer Welt, was sich oder etwas bewegt, benötigt Energie. So benötigen auch die Mikroorganismen der Darmflora, die für uns etwas bewegen, ihre eigenen speziellen Energien und Frequenzen. Diese Informationsenergie liefert unser drittes Chakra. Die Abstimmung ist so fein und vielseitig, daß nur jene Mikroorganismen belebt werden, die uns auch Nutzen bringen. Es gibt ja sehr viele Keime, die, wenn sie in den Verdauungstrakt kämen, uns schwer schädigen könnten. Auch sie benötigen zum Leben Energie. Unser drittes Chakra ist in der Lage, genau die Energiemuster aus seinem Wirkungsbereich herauszunehmen, welche die krankmachenden Keime benötigen. Diese Feinabstimmung der regelnden und belebenden Frequenzen und Energiearten wird auf unseren gesamten Körper ausgedehnt. In den Zellen haben wir beispielsweise die Organellen bzw. Mitochondrien, die Hauptenergieträger der Zellen, die in ihrer Struktur den Bakterien ähnlich sind. Alle Mikroorganismen, die wir in unserem Körper zum Leben benötigen, werden vom Solarplexuschakra mit Energie versorgt. Das Sonnengeflechtchakra ist sozusagen die Sonne für unsere symbiosanten Mikroorganismen. Diese regelnde und belebende Energie, die vom dritten Chakra ausgeht, ist eine sehr wichtige Stütze des Immunsystems. 80 Prozent seiner Tätigkeit findet im Verdauungstrakt statt, zum einen, um dort Keime abzufangen, und zum anderen, um von dort Energie zu erhalten. Immunschwäche ist immer mit einer Schwäche des dritten Chakras verbunden. Gesteuert wird das Immunsystem vom Herzchakra aus, jedoch hängt diese Steuerung von der Energie des Milzchakras ab. Wie wir noch sehen werden, ergänzen sich diese beiden Chakren auch in anderer Hinsicht.

Durch die Verdauung erhalten wir alles, was unser Körper zum Funktionieren braucht. Bei der chemischen Aufarbeitung der Nahrung wird nebenbei auch Chemoelektrizität erzeugt. Alle Nahrung, die wir zu uns nehmen, ist letztlich pflanzlichen Ursprungs; auch wenn wir Fleisch essen, ist der Anfang der Nahrungskette pflanzlicher Natur. Die Pflanzen auf dem Land und im Meer, dort hauptsächlich das Plankton, sind die einzigen Lebewesen, die aus Licht und Erdmagnetismus Biomasse herstellen können. In der Fotosynthese werden Lichtquanten, aber auch elektrische und magnetische Ionen als bindende Kraft für chemische Verbindungen genutzt. Beim Verdauen von Lebensmitteln (Verbrennung) wird diese gebundene Energie wieder freigesetzt – in Form von Licht für unsere Zellen und Elektromagnetismus für unser Nervensystem. Eine gesunde Verdauung ist in der Lage, permanent bis zu 300 Watt Energie freizusetzen. Die für das Nervensystem notwendige Bioelektrizität wird vom Sonnengeflecht aufgenommen und dem zentralen Nervensystem zugeführt. Diese Energie ist »negativ« gepolt; für den Pluspol sorgt, wie wir später sehen werden, das vierte Chakra. Bricht die Verdauung zusammen, entstehen Fäulnis- oder Gärungsprozesse, oder haben wir eine Diarrhö, dann sind auch die elektrochemischen Prozesse davon betroffen. Bei starken Verdauungsstörungen kann unser elektrochemisches Kraftwerk so schwach werden, daß unsere körperliche Steuerung nicht mehr gewährleistet ist – uns zittern die Knie, weil uns die energetische Spannkraft fehlt.

Zwischen unserer Gemütsverfassung und den Verdauungsorganen besteht eine intensive Wechselbeziehung. Über diese Psychosomatik lernt unsere Seele die Eindrücke der Welt und die Konflikte des Lebens buchstäblich zu »verdauen«. Nehmen wir ein paar Beispiele: Aggression und Wut schlagen uns auf die Leber. Von Ideen besessen zu sein belastet die Milz. Hat das Leben an Süße verloren und ist alles scheinbar aussichtslos geworden, dann reagiert die Bauchspeicheldrüse mit Funktionsausfällen. Können wir bestimmte Eindrücke nicht ertragen, schlägt uns das auf den Magen. Aussichtslosigkeit, Nervosität, Streß und Ärger sind die Hauptverursacher von psychosomatischen Reaktionen. Und wieder lernt unsere Seele mit und durch den Körper, sich zu wandeln. Sie lernt, Konflikte aufzuarbeiten, das individuelle Karma anzunehmen und sich den Gesetzen, unter deren Regiment wir angetreten sind, zu fügen.

Durch die aufwendige Energieerzeugung (Chemoelektrizität) und den Energieaustausch von der körperlichen Ebene über psychisch-seelische Prozesse bis hin zum Geistigen – und wieder zurück – entstehen im Milzchakra spezifische Muster. Es sind Energiemuster, die sich diagnostisch gut auswerten lassen. Das gelbe Milzchakra zeigt dann Abweichungen zu grünlichen oder orangenen Gelbtönen. Wenn diese Farbverschiebung auftritt, dann sind einzelne Organe psychosomatisch belastet. Gelbgrün ist ein Hinweis auf Milzprobleme, Gelb mit Grünstich auf eine Bauchspeicheldrüsen-Fehlfunktion. Gelb mit Orangetönung zeigt Leberstörungen, Gelb-Orange Gallenblasenbeschwerden. Schmutziges Gelb verweist auf Magenprobleme und mattes, fahles Gelb auf Darmerkrankungen.

Wird ein Problem auf der jeweiligen Ebene eines Chakras größer, dann dreht und kippt sein Energiewirbel aus der Normalebene heraus (siehe Farbtafel 6). Meistens entstehen dann, von vorn betrachtet, senkrechte, diagonale oder waagerechte Ellipsen. Dies ist immer ein Zeichen für intensive emotionale, psychisch-seelische Konflikte. In extremen Fällen löst sich das Chakra ganz von der Kundalini ab und »springt« nach vorn heraus. Jetzt zieht sich die Störung durch alle Ebenen, durch Körper, Seele und Geist. Hoffnungslosigkeit, Widerstandslosigkeit und Entscheidungslosigkeit sind die Folge, verbunden mit organischen Fehlfunktionen. Die Magen- und Verdauungssäfte sowie die Sekretionen von Bauchspeicheldrüse und Gallenblase werden fehlgesteuert oder laufen ganz unkontrolliert ab. Aus dem gemeinsamen Verbundsystem »herausgefallene« Chakren bergen immer die Gefahr in sich, daß die Fehlfunktion zu einer Krankheit wird, die operiert werden muß. Starke Milzchakra-störungen zeigen sich auch in der Aura. Sie bekommt eine Wespentaille.

Wo Schatten ist, ist aber auch Licht. Das Sonnenge-flechtchakra bietet uns wahrhaftig große Entwicklungs-möglichkeiten! Wenn wir mit Kreativität und dem Ziel der Bewußtseinserweiterung an dieses Zentrum herangehen, bildet sich ein inneres Wissen heraus. Man weiß dann in-tuitiv, was für einen selbst richtig ist oder nicht. Es ent-wickeln sich paranormale Fähigkeiten, gefühlsmäßige In-tuition, Hellsichtigkeit, Aurasichtigkeit, die Fähigkeit, in den Körper hineinzusehen sowie die Vergangenheit und die Zukunft zu erkennen. Hier beginnt jener wichtige Rei-fungsprozeß, der gemeint ist, wenn man davon spricht, daß aus Wissen Weisheit wird. Wenn die Kundalinienergie als leitender Fluß mit gut eingebundenem Milzchakra nutzbar gemacht wird, setzt ein aufbauender Strom der Bewußtwerdung ein, sinnlich und außersinnlich dem Höheren entgegenstrebend. In den ersten drei Chakren hat unsere Seele so viel gelernt, daß wir sicher im Leben ste-hen, sogar über den Dingen stehen. Wie sagt man doch mit östlicher Weisheit: Lerne aus dem Bauch zu entschei-den!

Das Herzchakra

Mitten in der Brust pulsiert das vierte, das Herzchakra. Es wird meistens in grünem Licht gesehen (siehe Farbtafel 10). Bei idealem und harmonischem Zustand sind dem grünen Licht rosafarbene, zum Teil auch goldene Farbtöne beigemischt. Dieses Zentrum in der Mitte des gesamten Chakrensystems steuert auf der körperlichen Ebene das Herz und den Rhythmus der Atmung, im normalen Fall im Verhältnis vier zu eins (auf vier Herzschläge ein Atemzug). Über den Kreislauf des Blutstroms wird die Versorgung aller Zellen gewährleistet. Aber nicht nur die Zellversorgung, sondern auch die Zellerhaltung wird vom Herzchakra über das Immunsystem mit der Thymusdrüse gesteuert und darüber hinaus auch noch die Zellsteuerung sowie die Zellteilung.

Alle etwa 60 Billionen Zellen unseres Körpers und alle Aufgaben des Immunsystems werden von diesem Zentrum überwacht, gesteuert und durch Regeneration und Heilung erhalten. Darüber hinaus rufen die Rhythmen der Atmung und des Herzschlags Druckunterschiede im Körpergewebe hervor. Diese wiederum erzeugen durch die im Körper enthaltenen Salze in Form von Flüssigkeitskristallen pluspolige Piezoelektrizität, den funktionalen Gegenpol zur Chemoelektrizität der Verdauung.

Beim Übersetzen und Vermitteln der geistigen Energie in die irdische Sphäre erlernt unsere Seele dank der Tätigkeit des vierten Chakras das Heilen und die Erhaltung der Gesundheit. Unser Körper wird von hier aus überwacht, und unsere Seele erfährt durch die Aktivität der Organe im Brustbereich die Kraft der Liebe. Unser Herz schlägt und schlägt – es kennt keinen Sonntag und keinen Urlaub. Es wendet sich gleichsam ununterbrochen dem Ganzen zu: Dienstbereitschaft und Zuwendung ein Leben lang! Über den Kreislauf versorgt unser Herz den ganzen Körper und alle Zellen mit Nahrung. So wie die Liebe sich nur selbst verströmen will, so verströmt unser Herz das Blut und wird damit zum Sinnbild der Liebe. Die Liebe und das Herz verströmen ihre Kraft und bekommen über den Rücklauf der Stoffe und Energien alles zurück.

Aber auch unsere Lunge und unser Immunsystem arbeiten rund um die Uhr. Dank der Regenerations- und Heilungsfähigkeit der Brustorgane erwirbt unser seelisches Bewußtsein die Kraft der Liebe. Alle Funktionen des vierten Chakras sind sich dem Ganzen zuwendende, erhaltende, dienende Kräfte – Kräfte der Liebe. Haben wir diese Funktionen einmal verstanden, entwickeln wir den Mut zum Dienen und die Fähigkeit der Demut. Wenn wir uns in allen Ausdrucksformen so verhalten wie alles, was mit dem Herzchakra zusammenhängt, erfahren wir die allumfassende Liebe. Über das Herz, den Kreislauf, über das Immunsystem und die Rhythmen von Herz und Atmung sowie die damit verbundene Energiegewinnung können wir in einer schönen und klaren Weise erkennen, welcher Lernprozeß uns auf der psychisch-seelischen Ebene erwartet.

Das Immunsystem dient dem Gesamtorganismus, es ist in ständiger »Hilfs-Bereitschaft«, die wir dadurch als Wert an sich verstehen lernen. Durch seine »Abwehr-Arbeit« entwickelt sich Tapferkeit, der Mut des ersten Chakras transformiert sich zu einem beherzten, opferbereiten Dienen am gesamten Leben. Auf der seelischen Ebene äußert sich dies in Demut – der Wegbereiterin allumfassender Liebe.

Das Herzchakra steuert auch die Zellteilung und liefert so einen wichtigen Beitrag zur Erhaltung und Erneuerung des Körpers. Sie ist die Grundlage zur Entwicklung höherer Lebensformen, und daran erkennen wir die Wichtigkeit des Teilens. Dieses Teilen bedeutet in einem tieferen Sinn Barmherzigkeit, Freigebigkeit, Hingebung, und so stärkt es die Demut. Es führt zur Teilnahme, besser: zur Anteilnahme. Seelische Anteilnahme ist die Grundlage, um nicht in Mitleid zu verfallen. Verspüren wir Mitgefühl und Anteilnahme, verbleiben wir in der Zuwendung, in der Hilfs-Bereitschaft, wir teilen das Los der anderen, ohne mitzuleiden. Erst wenn alle Eigenschaften, welche die Grundlage der Liebe bilden, von uns bedingungslos gelebt werden können, erstarkt das Herzchakra und öffnet sich. Erst dann durchströmen uns die heilenden Kräfte der universellen Lebenskraft, welche die allumfassende Liebe ist. Kommt diese Entwicklung Schritt für Schritt im Lichte wahrer Erkenntnis von Chakra zu Chakra voran, kann das Herzchakra im Gleichklang mit den anderen Zentren auch körperliche Heilkraft übertragen.

Wahre Geistheilung erfolgt durch ein aktiviertes, sich öffnendes Herzchakra, und dies ist immer ein Prozeß der Entfaltung auf zwei Ebenen: der des Körpers (mittels der Organ- und Körpersprache) und der des bewußten Erlebens und Durchlebens aller Chakra-Ebenen (mittels des Wissens, das zu Weisheit wird). Diese Bewußtwerdung ist wie ein Strom, er überträgt durch ein geöffnetes Herzchakra auf der Körperebene Heilung und Regenerationskraft und setzt im psychisch-seelischen Bereich, tief im Unbewußten, einen Wandlungsprozeß in Gang, der noch stärker ist als die körperliche Wandlung. Er kann die Lebenseinstellung grundlegend verändern. Versucht man, diesen Weg abzukürzen, indem mit schnell erlernten Techniken ein bequemerer Weg angestrebt wird, entstehen beim Versuch, heilende Kräfte einzusetzen, unweigerlich negative Tendenzen. Der Behandelnde leidet mit, er fühlt sich schlecht und ausgelaugt nach der Heilung oder bekommt gar, durch den erwähnten Strom der Kräfte, Schmerzen oder Funktionsstörungen vom Kranken übertragen. Dieses Mitleiden findet man bei Menschen, die aus der Dynamik ihres Willens und Egos heraus heilen wollen. Echtes geistiges Heilen ist selbstlose Seelenliebe, gebunden an Mitgefühl, Anteilnahme und aufbauend auf der Fähigkeit, etwas Höheres, Vollkommeneres zu empfangen und weiterzugeben. Wurde dieser Weg gegangen, ohne Abkürzungen, mit allem, was er an Herausforderungen bereithält, wird jede Übertragung von Heilung eine Verstärkung der Lebenskraft auch im Heiler selbst mit sich bringen. Der Geistheiler wächst in der Heilung!

Auch die Form- und Farbveränderungen des Herzchakras können diagnostisch verwertet werden. Auffällig ist, daß das Herzchakra in seiner Position tendenziell stabiler ist als andere Chakren. Ein herausgekipptes oder verdrehtes Herzchakra ist mir bisher nicht begegnet. Charakteristisch sind große Unterschiede in Form und Farbe zwischen vorderer und hinterer Seite. Dunkles Grün oder unrunde Formen im Rückenbereich zeigen mangelnde Selbstliebe, Negativität, Pessismismus und zerstörerische Gedanken. All dies ist sehr oft verbunden mit Rückenschmerzen, Herzproblemen, Atembeschwerden oder Lungenerkrankungen. Eine horizontale Ellipse hinten zeigt den Widerstand an, Heilung anzunehmen. Die vordere Seite gibt eher Auskunft über Emotionen und Leidenschaften, etwa wenn aus dem Rosa ein Rot geworden ist. Bildet dieses Zentrum vorn eine diagonale Ellipse, läßt das auf allergische Reaktionen schließen (ob psychisch, physisch oder beides). Dunkle Flecken oder eine verschwommene Form sind Hinweise auf Trauer oder Liebesentzug. Ist das Grün nicht dominant und mischen sich andere Farben ein, ist die Wahrscheinlichkeit sehr groß, daß die Zellregeneration und damit die Selbstheilungskräfte schwach ausgeprägt sind. Brauntöne können Immunschwäche und Sucht bedeuten.

Oberhalb des Herzchakras verlassen wir die Ebenen mit direktem Bezug zur Physis. Bis hierher dienten alle Zentren eindeutig den körperlichen Lebensprozessen. Nun wenden wir uns den Chakren zu, die das Tor zur energetischen und geistigen Ebene darstellen. Wenngleich unsere Seele durch ihre Tätigkeit auch in anderen Dimensionen lebt, ist doch alles von der aus den unteren Bereichen aufsteigenden Kundalinienergie abhängig. Das zentrale Herzchakra spielt dabei eine überragende Rolle. Es vermittelt die Kräfte von unten nach oben und umgekehrt und kann sie gleichzeitig zur Regulierung und Heilung der Lebensvorgänge zur Verfügung stellen. Nicht umsonst sagt auch der Volksmund: »Das Herz sollte bei allen Entscheidungen dabeisein.«

Das Halschakra

Auf der Höhe des Kehlkopfes pulsiert in blauem Licht das Hals- oder Kehlkopfchakra (siehe Farbtafel 11). Wenn unser Bewußtsein sich mit seinen Energien auseinandersetzt, stößt es auf neue Dimensionen. Haben die Chakren unterhalb davon die Aufgabe, unseren Körper zu erhalten (viertes Chakra), zu versorgen (drittes Chakra) und zu reinigen (zweites Chakra), so öffnen die Chakren oberhalb davon das Tor zur geistigen Welt und zur Erkenntnis ihrer Gesetzmäßigkeiten.

Das blaue Halschakra steht nicht in direktem Kontakt zum Physischen, sondern schwingt in der Resonanz des Psychischen mit dem Physischen. Eine seiner wichtigsten Aufgaben ist die Versorgung und Steuerung der Meridiane. Mittels dieses Meridiansystems lernt unsere Seele die Polarität und die Gesetzmäßigkeiten der steuernden Lebensenergien zu »begreifen«. Stellen wir zum besseren Verständnis einen Vergleich mit dem zweiten Chakra an. Auch dort begegneten wir der Polarität, aber ausschließlich im stofflichen Bereich (Säuren – Basen, brauchbar – unbrauchbar usw.). Hier kommt es nun darauf an, die steuernde Kraft nichtstofflicher, polarer Energiemuster zu erfassen. Trotzdem lernen wir wiederum durch den Körper und mit dem Körper, wenn auch auf einer höheren Ebene

– auf der Ebene der Energie. Dazu bietet das Meridiansystem in seiner Polarität eine vortreffliche Möglichkeit. Alle Meridiane treten mit ihren Endpunkten an den Zehen und Fingern paarweise auf: Finden wir zum Beispiel auf der einen Körperseite an Hand und Fuß Meridiane, über die Energie hinausfließt (plus), so sind sie auf der anderen Seite minuspolig, weil Energie hineinfließt. Mit Hilfe dieser polaren Energiebahnen des Meridiansystems steuert das Halschakra die Psychosomatik.

Zwischen den molekularen, zellularen und anderen physischen Prozessen sowie dem Meridiansystem besteht eine ständige Wechselwirkung energetischer Muster. Eine Aktivierung der Halschakra-Energie bewirkt eine Dynamisierung unserer psychischen Eigenschaften; gleichzeitig entsteht eine Wechselwirkung zwischen Psyche und Körper, die individuell sehr verschieden verläuft, je nach unseren persönlichen Eigenschaften.

Kommt es zu Entgleisungen bei diesen Wechselwirkungen zwischen Physis und Psyche, entsteht eine psychosomatische Erkrankung. Anhand des Erscheinungsbildes des Halschakras und der damit verbundenen Akupunkturbahnen bietet sich so die Möglichkeit einer schnellen, sicheren Diagnose. Direkt oder indirekt hängt jede psychosomatische Erkrankung mit diesen Energiemustern zusammen. Außerdem ist festzustellen, daß eine optimale Akupunkturbehandlung nur bei einem intakten Halschakra gewährleistet ist. Je schwächer oder gestörter das Halschakra, um so schwächer ist auch die Wirkung der Akupunktur.

Die Energie-Pulsationen auf dieser Ebene sind denen der zweiten Ebene ähnlich. Rechts- und linksdrehende Wirbel steigen auf und ab und gehen eine ständige Wechselwirkung mit den Meridianen sowie der Kundalini ein.

Das Halschakra steuert mit Hilfe der Hormone der

Schilddrüse unser Temperament, unsere Emotionen und die meisten unserer psychischen Eigenschaften. Durch die Auswirkungen, welche die ständige Wechselwirkung der Energiepolaritäten auf unser Leben hat, lernen wir die Gesetzmäßigkeiten der polaren Welt zu akzeptieren: Lehren und Lernen, Glaube und Zweifel, Aggression und Depression, Gelassenheit und Anspannung, Halsstarrigkeit und Nachgiebigkeit – um nur einige zu nennen – sind unsere polaren Charaktereigenschaften, die wir zur Mitte, zum Ausgleich, zur Einsicht führen müssen. Nur über die Gegensätze von gut und böse, liebevoll und gehässig usw. entwickeln wir unser Gerechtigkeitsbewußtsein.

Das Halschakra ist das Tor zur Weisheit. Durch den engsten Teil unseres Körpers, den Hals, gelangen wir zum Zentrum der Wahrnehmung, zum Stirnchakra. Alles, was aus den unteren Chakren nach oben steigt, wird im Halschakra verarbeitet. Denken wir dabei an Redewendungen wie: »Mir ist etwas aufgestoßen, ich fühle mich abgewürgt, das kann ich nicht schlucken, mir kommt die Galle hoch.« Auch Angst und Schrecken haben hier ihren »Platz«; und deshalb sagen wir: »Vor Angst schnürt es mir die Kehle zu, vor Schreck blieb mir die Luft weg.«

Fanden wir im Herzchakra die Voraussetzung für die Heilung des Körpers, so finden wir im Halschakra die Grundlage für die Heilung der Psyche. Durch Erkennen und Annehmen der polaren Weltordnung kommen wir ins Gleichgewicht, erlangen Ausgeglichenheit und Zufriedenheit und somit die Grundlagen zur Weiterentwicklung und Begegnung mit dem nächsthöheren Stirnchakra.

Aber der Weg dorthin ist nicht leicht. Symbolisch zeigt uns der Hals als engste Stelle im Körper: Hier muß alles hindurch. Unsere Seele, aus der Einheit des Geistes geboren, hat sich mühsam durch die Welt der Gegensätze in uns und um uns herum hindurchgearbeitet. Jetzt heißt es, die Gesetzmäßigkeiten der polaren Welt anzunehmen und sie zur Einheit zurückzuführen. Die Einheit der Gegensätze zu finden ist das Endziel in diesem Chakra. Wieder hilft uns unser Körper, diesmal im Zusammenhang mit unserer Psyche, unseren Weg zu finden.

Alles Leben, die gesamte Evolution baut auf dem Konzept des Teilens auf. Jedes Lebewesen nimmt an der Natur des Ganzen teil. Aus Anteilnehmen wird Mitteilen, angefangen bei der Zellteilung bis hin zum Lehren der höchsten Wahrheit. Alles, woran wir teilgenommen haben, formt uns, und diesen Anteil können wir weitergeben, so daß dadurch auch andere daran teilhaben können. Dies ist keineswegs reine Wortspielerei, und wenn wir andere Begriffe einsetzen, wird vieles an diesen Zusammenhängen klarer. Nehmen wir zwei für uns sehr wichtige Begriffe, die dem Teilen sehr nahestehen – Lehren und Lernen. Gemeint ist das im gesamten Lebendigen vorkommende Prinzip vom Lehren und Lernen, Weitergeben und Vererben. Wenn wir etwas erlernt haben, wissen wir noch nicht, ob das Erlernte wirklich brauchbar ist. Es ist noch subjektiv und muß nicht für andere brauchbar sein.

Das von uns Erlernte lehren wir jedoch nur dann, wenn dies für andere Menschen brauchbar ist und als richtig angesehen wird. So entsteht aus Subjektivität Objektivität. Durch Lehren und Weitergeben unserer Erfahrungen bekommen wir die Gewißheit über unser Wissen. Dieser Weg vom Anteilnehmen zum Mitteilen, vom Lernen zum Lehren führt zum Wissen, zum Gewissen. Weisheit, unser letztes Ziel, besteht aus gelebtem Wissen. Lehren, das Weitergeben von Wissen, bietet uns gleichzeitig einen schnellen und sicheren Weg, neues Wissen aufzunehmen. Wenn unsere Information überzeugt, ist es eine Lehre, die gleichzeitig unser Bewußtsein von diesem Thema befreit, also leer macht. Gewißheit führt zu Gewissen, und es entstehen Gewissensbisse, die uns garantieren, nicht in alte Fehlhandlungen zurückzufallen. Gewissensbisse sind wie eine Gnade; sie machen uns frei, und gleichzeitig entsteht Raum in uns, um neues Wissen aufzunehmen.

Das blaue Chakra zeigt schnell und sicher Ausfälle und Fehlsteuerungen an, wenn die beschriebenen Gesetzmäßigkeiten des Lebens nicht beachtet und nicht weitergegeben werden. Verschlossenheit, Selbstbezogenheit, Ungerechtigkeit und ähnliche Eigenschaften führen zur Abnabelung von der Kundalini und einem Energiestau unter- oder oberhalb des fünften Chakras. Liegt die Blockade vor dem Halschakra, wird dieses klein und blaß in der Farbe. Dadurch hervorgerufen werden eine schwache Atmung, Schwäche im Halswirbelbereich, eine Unterfunktion der Schilddrüse sowie Fehlsteuerungen der Meridiane. Die Schilddrüse und das Meridiansystem bilden mit unserer Psyche und unseren Charaktereigenschaften ein dynamisches System, das überwiegend für die Psychosomatik verantwortlich ist. Psychosomatische Erkrankungen sind weitgehend ein Halschakraproblem. Ist unser Verhalten aggressiv oder cholerisch, kann der Stau der Kundalini oberhalb dieses Zentrums lokalisiert werden. Die gestaute Energie zeigt sich dann als Abstrahlung, manchmal sogar als blitzartige Entladung (siehe Farbtafel 6 f.), und führt ebenfalls zu psychosomatischen Störungen. Diese Wechselwirkung sowie die Aufgabe, Psyche und Körper zu harmonisieren, ist für das fünfte Zentrum vorrangig.

Neben den durch Abnabelung von der Kundalini bedingten Anomalien zeigt es sehr oft auch spezifische Verfärbungen. Selbst wenn seine Größe dabei normal bleibt, zeigen alle Abweichungen vom blauen Licht den verstärkten Versuch der Seele an, Harmonie, Ausgleich und Zufriedenheit zu finden. Steigt das Grün vom Herzchakra auf, entsteht Liebenswürdigkeit im Ausdruck, oft verbunden mit zuviel Nachsicht. Zuviel Grün bringt Schwäche und Nachgiebigkeit mit sich, und Entscheidungen werden übermäßig gefühlsbetont getroffen. Drückt hingegen Violett vom Stirnchakra aus nach unten, entstehen Rechthaberei, ein Hang zur Besserwisserei, aus Lehren wird Belehren, und meistens werden die Gefühle verdrängt. Der betreffende Mensch wirkt hart. Auch gelbe und orangefarbene Verfärbungen treten bisweilen auf. Alle diese Farbveränderungen scheinen auf den Versuch unseres Wesens hinzudeuten, die Schwäche des Halschakras durch Hereinnahme anderer Chakrenenergien auszugleichen. Dieser Versuch führt aber nicht zum Ziel, da die Lernfähigkeit durch aufgepfropfte Eigenschaften blockiert ist.

Im Gespräch mit Kranken und bei Energieübertragungen in der Heilung wurde mir bewußt, daß dieses Chakra zu seiner Entwicklung viel mehr Einwirken auf das Bewußtsein, damit viel mehr Überzeugungskraft und zeitlichen Aufwand benötigt als andere Chakren. Dies liegt wahrscheinlich daran, daß hier der Eigenwille des Egos aufgegeben werden muß, damit Hingabe und die Fähigkeit zum vollen Vertrauen auf den göttlichen Willen entwickelt werden können.

Das Stirnchakra

Dieses Zentrum (siehe Farbtafel 12), mit seinen beiden Einstrudelungen oberhalb der Nasenwurzel (»Drittes Auge«)
und in der Mitte des Hinterkopfes, markiert die höchste
und letzte Stufe unserer seelisch-geistigen Entwicklung.
Hier soll die Fähigkeit ausgebildet werden, mit dem kos-
mischen Bewußtsein in Verbindung zu treten. Hier fließen
alle Informationsströme ineinander: über die Sinnesorgane im Bewußten, über die Kundalini im Unbewußten und
über das Träumen sowie Inspiration, Intuition und Visionen aus dem Überbewußten oder kollektiven Unbewußten. Das violette Stirnchakra steuert unser zentrales Nervensystem und ist gleichzeitig die Schnittstelle zum Über-
bewußtsein. Das Gehirn, als Instrument des Geistes, ist das
Schaltorgan zum Gewahrsein aller Dinge. Entwickelt sich
unser Tagesbewußtsein, unser logisch-analytisches Denken und unsere Intelligenz im Einklang mit dem Unbewußten und Überbewußten, entstehen Gewissenhaftigkeit
und Weisheit, Schönheitssinn in allen Formen, Ästhetik
und Ethik.

Ein Stirnchakra mit gleich starkem, rundem und vio-
lettem Leuchten vorn und hinten ist der harmonische Ausdruck im Zusammenspiel aller Bewußtseinsebenen.
Kommt es zur Dominanz einer Seite, entstehen eine Viel-

zahl von Problemen. Die vordere Seite, die Stirnseite, ist der Ausdruck des Tagesbewußtseins, am Hinterkopf zeigen sich die unbewußt-überbewußten Kräfte. Ist das Chakra vorn deutlich größer als hinten, besteht die Gefahr, daß das Denken dogmatisch wird und alles, was mit Glauben, Religiosität und »irrationalen« Gegebenheiten des Lebens zu tun hat, abgelehnt wird. Sind zusätzlich Abweichungen hinsichtlich Farbe und Form festzustellen, geraten Moral und Gewissen in Gefahr. Ein trübes Violett oder Grautöne vorn zeigen, je nach Intensität, Verstimmungen und Depressionen an. Kommt es zur Dominanz des Unbewußten, hinten angezeigt durch mehr Energie, kann unsere Ratio überflutet werden. Rigide Glaubenssätze sowie Vorlieben für Außersinnliches werden unkontrolliert ausgelebt. Auch hier zeigt sich eine Verstärkung der Symptome, wenn zusätzlich Form- und Farbabweichungen auftreten. Finden wir vorn und hinten Deformationen und Farbveränderungen, ist das Bewußtsein so verzerrt, daß die Funktionen des Verstandes zusammenbrechen können.

Aber auch das sechste Chakra ist nicht allein verantwortlich für alle Entgleisungen, die zu Unmoral und Gewissenlosigkeit führen können. Es liegt dem immer ein Zusammenspiel aller Chakren zugrunde. Nur: Hier fließen alle bewußten und unbewußten Informationen zusammen. Die Probleme des gesamten Systems werden hier verarbeitet – oder auch nicht. Charakteristische körperliche Funktionsstörungen treten bei einer Schwäche des Stirnchakras ebenso auf wie bei allen anderen Chakren – mit dem Unterschied, daß von hier aus durch Vermittlung des Zentralnervensystems nicht nur die eigene Ebene, in diesem Fall die Kopfregion, sondern der ganze Körper betroffen sein kann. Eine typische ärztliche Aussage zu diesem Phänomen könnte die folgende sein: »Organisch sind

Sie völlig gesund. Ihre Krankheit ist wahrscheinlich nervlich bedingt.«

Im unmittelbaren Einflußbereich dieses Zentrums liegen: Stirnhöhle, Innenauge und Innenohr, Gehirn mit Hirnanhangdrüsen (Hypothalamus, Hypophyse und Epiphyse). Die Funktionen dieser endokrinen Drüsen unterliegen jedoch nicht immer dem Stirnchakra. Das siebte Chakra ist jederzeit in der Lage, die Funktionssteuerung zu übernehmen, wenn es für das Leben erforderlich ist.

Behandlungen und Heilungen am Stirnchakra können über zwei Ebenen den ganzen Körper erreichen. Ein Weg verläuft über das Nervensystem und ein anderer über die mehr als zwanzig Hormone der Hirnanhangdrüsen, die wiederum alle anderen Hormondrüsen beeinflussen. Ich kenne mehrere Heiler, die mit großem Erfolg über den Kopf und den gesamten Körper behandeln. Es ist empfehlenswert, bei Heilungen das Stirnchakra mit einzubeziehen, nicht nur aus besagten Gründen. Alle Informationen, auch die über energetische Heilweisen, fließen im sechsten Chakra zusammen und können durch Bewußtwerdung den Heilungsvorgang fördern und stabilisieren. Wir erreichen damit, daß der Kranke verstehen lernt, warum er leidet, und das kann bewußt oder unbewußt geschehen. Bei der Chakrenmeditation und Kundaliniarbeit ist es empfehlenswert, die Energie auf und nieder schwingen zu lassen. Solche Energiebewegungen fördern den Informationsfluß von unten nach oben und gleichzeitig die steuernde Kraft nach unten. Die Verbindung vom ersten bis zum sechsten Chakra ist genauso wichtig wie ein starkes und gleichförmiges sechstes Chakra. Erst die Erlangung energetischer Stabilität garantiert uns, auch den letzten, entscheidenden Schritt gehen zu können: in die Vereinigung mit dem siebten Chakra, dem göttlichen Willen.

Das Scheitelchakra

Der Energiewirbel des Scheitelchakras (siehe Farbtafel 13), dessen Zentrum über dem Kopf liegt, taucht mit dem unteren Rand zwei bis drei Fingerbreit in den Kopf ein. Wie bei allen anderen Chakren kann auch hier der Sitz geringfügig variieren. In einigen Fällen scheint dieses Zentrum über dem Kopf zu schweben, in anderen dringt es tiefer in ihn ein. Die meisten Sensitiven erschauen es in perlmuttartigem Glanz. Ausstrahlung, Farben und Lage geben Hinweise auf das Gesamtpotential von Geist und Seele. Praktisch alle Farben kommen vor, vom zarten Blau über Weiß und Silber, Goldtöne bis hin zu Indigo oder gar einem Funkelfeuer der verschiedensten Farben. Manchmal erscheint es wie in einer Schale schwebend, vielleicht wird es deshalb auch Kronenchakra genannt. Die ihm zugehörige Ebene unseres Seins entzieht sich der direkten Behandlung durch Geistheilung. Alle anderen Chakren können mit medialen Kräften korrigierend und heilend erreicht werden. Das siebte Chakra jedoch widersetzt sich diesen Kräften. Es reagiert aber auf die Ausrichtung in vollkommenere Werte, was gleichbedeutend damit ist, daß das System vom Wurzel- bis zum Stirnchakra, einschließlich der Kundalini, Verbesserungen erfährt. Deshalb wird das Scheitelchakra auch oft »der göttliche Wille« genannt.

Hier oben vollzieht sich die Anbindung an den Kern der göttlichen Schöpfung, an das gestaltende Allbewußtsein. Hier befindet sich die gesamtheitliche Kontrollfunktion mit allen Entscheidungen über Heilung und Regeneration, unser genetisches und karmisches Erbe, alle Gehirnfunktionen, den gesamten Hormonhaushalt, kurz: alle entscheidenden Lebensfunktionen.

Im Stirnchakra laufen die Inhalte aller Bewußtseinsebenen zusammen. Gleichzeitig geben uns die geistigen Kräfte, die wir aus dem göttlichen Sein empfangen, alle Möglichkeiten der Bewußtseinsentwicklung. Jegliche Entfaltung unseres Seins, jegliche Kreativität bis hin zur Medialität befindet sich über das Scheitelchakra in ständiger Wechselwirkung mit dem Allbewußtsein. Sind unsere Bemühungen im Einklang mit den universellen Gesetzen, stehen uns die Helfer der geistigen Welt nahe. Befinden sich unsere Handlungs- und Denkmuster im Widerspruch zur Schöpfung, werden uns die Korrekturen über das Scheitelchakra erreichen. Bei leidenden Menschen sind durch Abweichungen von seiner idealen Form und Farbe ihre karmischen Belastungen zu erkennen: »Wer nicht an sich arbeitet, an dem wird gearbeitet« – und das nennen wir dann Schicksal. Ein Großteil von Problemen kann durch die Beurteilung der Dynamik des siebten Chakras, vor allem in bezug auf die Kundalini und die anderen sechs Zentren, diagnostiziert werden.

Zeigt dieses Zentrum ein gleichmäßiges Licht und ist es rund, kann die Energie zu allen Chakren nach unten fließen und von dort wieder hinauf. Es geschieht dann, daß wir mit unserem ganzen Wesen, mit unserem multidimensionalen Bewußtseinsfeld mit dem Ganzen verschmelzen. Psychosomatische Erkrankungen sind weitgehend verschwunden, und der Mensch ist nur noch selten krank. Bleibt die harmonische Verbindung aller anderen Chakren zum siebten Chakra erhalten, erwachsen aus diesem gesegneten Zustand Seligkeit, Heiligkeit und eine Vollkommenheit, die es erlaubt, das Allbewußtsein zu erreichen – die Erleuchtung ist nahe.

Medialität und Chakrenenergie

Besonders bei der Geistheilung oder beim medialen Heilen sind die Fähigkeiten des siebten Chakras gefragt. Energetische Aktivierungen vom Scheitelchakra in Richtung auf ein anderes Chakra oder auf mehrere fördern übersinnliche Erfahrung und Medialität. So sind zum Beispiel Entmaterialisierung oder Materialisierung ein Zusammenspiel von Scheitel- und Wurzelchakra. Wird das Herzchakra mit aktiviert, bringen das erste, das vierte und das siebte Chakra eine energetische Dynamisierung hervor, und es entwickelt sich die Kraft der Geisteschirurgie. Betrachten wir die übernatürlichen Aktivierungen vom Scheitelchakra zu den anderen Chakren im einzelnen. Aktivierungen von Chakrenenergien von mehr als 200 bis 300 Prozent weisen auf echte Medialität hin.

Aktivierung vom Scheitelchakra zum Wurzelchakra

Wirkung im Atomaren: Diese beiden Chakren bringen die Lebenskraft der Kundalini hervor. Werden ihre Energien zusammen stark angehoben, können über diese Kraftverstärkung atomare Strukturen verändert werden. Entmaterialisierung sowie Materialisierung sind möglich, in schwacher Form auch die Aufweichung von Materie, bekannt durch das sogenannte Löffelbiegen. Wird die »atomare Kraft« nur im Wurzelchakrabereich genutzt, kommt es zu unkontrollierten Entladungen. Schwarzmagische Kräfte und Poltergeistphänomene sind die Folge, in abgeschwächter Form Aufweichungen und Veränderungen von Knochen, Sehnen und Bändern. Wird diese Kraft über andere Chakren abgeleitet, führt das zur Aussteuerung von Problemen und zur Heilung.

Aktivierung vom Scheitelchakra zum Sakralchakra

Wirkung im Molekularen: Wenn sich zwischen diesen beiden Chakren eine starke Energieanhebung zeigt, sind auflösende oder bindende chemische Prozesse äußerst dynamisch. Die wirkende Energie kann breitgefächert oder gezielt auf einzelne chemische Verbindungen wirken, angefangen bei Entgiftungen, über Stoffwechselprozesse und Veränderungen der Säuren- und Basen-pH-Werte, bis hin zur Bildung von Hormonen und Enzymen. Diese molekulare Kraft kann in alle anderen Einzugsgebiete der übrigen Chakren getragen werden. Zum Beispiel bewirkt sie im Verbund zwischen erstem und zweitem mit dem siebten Chakra eine Auflösung von Steinen, Knorpeln und Knochensubstanz. Die Übertragung der Kräfte dieser Dreierkombination sollte grundsätzlich über das Herzchakra erfolgen.

Aktivierung vom Scheitelchakra
zum Milzchakra

Wirkung im Bereich der Mikroorganismen: Über die Veränderung der Frequenzen im Zusammenspiel mit dem Sonnengeflecht werden den Mikroorganismen die energetischen Lebensgrundlagen gegeben oder entzogen. Hierzu gehören zunächst die Darmflora, aber auch Viren, Bakterien und Pilze. Die Wirkung kann in alle Körperregionen getragen werden, zum Beispiel im Verbund von drittem und siebtem mit dem zweiten Chakra zwecks Behandlung von Haut-, Nieren- und Blasenerkrankungen (außer Allergien). Die Verstärkung der Energien zwischen drittem und siebtem Chakra kann gleichzeitig außersinnliche Fähigkeiten hervorbringen, wie Hellsichtigkeit, eine Art Röntgenblick, gefühlsmäßige Intuition und dergleichen. Diese mediale Entfaltung führt zu einem Zustand, wie er von asiatischen Weisheitslehren gefordert wird: »Lerne aus dem Bauch zu entscheiden.«

Aktivierung vom Scheitelchakra
zum Herzchakra

Wirkung im Zellularen: Das Zusammenwirken zwischen viertem und siebtem Chakra bildet die stärkste Heilkraft. Die Zelle ist die physische Grundlage des Lebens. In der Heilung wirkt sich diese kombinierte Kraft auf Zellerhaltung, Zellteilung und Regeneration aus. Bei allen Infektionen sowie Erkrankungen durch Mikroorganismen und Pilze ist eine Verbindung mit dem aktivierten Milzchakra gefragt. Das gilt auch bei Allergien. Oft mußte ich feststellen, daß bei Allergien das Zusammenspiel zwischen drittem und viertem Chakra unterbrochen war. Die Energieentfaltung des dritten und vierten Chakras bewirkt aber nicht nur körperliche Heilung. Vollkommene, heiligende Wirkung kann entstehen und zur allumfassenden Liebe werden.

Aktivierung vom Scheitelchakra zum Halschakra

Wirkung im Organischen: Vom fünften Chakra aus wirkt die mediale Heilkraft im psychisch-seelischen Bereich und in der Aktivierung oder Deaktivierung des Meridiansystems. Durch die Aktivierung der biomagnetischen Kräfte werden über die Meridiane organische Fehlfunktionen ausgesteuert. Die Kombination von fünftem mit siebtem Chakra erzielt die stärkste Heilwirkung im psychosomatischen Bereich. Aber auch diese Kraft ist auf eine solide Verankerung und Beziehung zu den anderen Zentren angewiesen. Ist beispielsweise das zweite Zentrum schwach, was zu Darmträgheit und Verstopfung führt, können vom fünften Chakra aus über den Dünndarm- und Dickdarmmeridian belebende Kräfte übertragen werden. Eine Dauerwirkung ist aber nur zu erreichen, wenn das zweite Chakra seine normalen Funktionen erfüllen kann. Neben den genannten Heilkräften kann die Entfaltung der Medialität eine Öffnung zum Geistigen mit sich bringen, wie die Fähigkeit, geistige Führer zu hören und deren Informationen zu übermitteln sowie Schreib- und Sprechmedialität (Channeling). In abgeschwächter Form bedeutet es Sensitivität, Einfühlungsvermögen und Psychometrie.

Aktivierung vom Scheitelchakra
zum Stirnchakra

Löst der Heiler diese letzte Aktivierung aus, so werden alle ganzheitlichen Prozesse erfaßt – der Mensch wird als Einheit Körper-Seele-Geist wahrgenommen. Vergangenheit, Gegenwart und Zukunft werden transparent. Das Stirnchakra in der erweckten Form ist kein Heilungszentrum, es *ist* das Heil. Von hier aus kann keine beabsichtigte Heilung vorgenommen werden, denn jede Absicht ist menschlich, also unvollkommen. In dieser übersinnlich-medialen, vergeistigten Struktur von Weisheit, Wissen und Erleuchtung wird erkannt, daß *alles* in *allem* seinen Sinn und Zweck hat. Und dieses tiefe spirituelle Gewahrsein ist Geborgensein im Geiste, im Göttlichen, ohne menschliche Absicht, es ist von sich aus heilend. Dieser Zustand – Geborgensein im Geiste – kann oft nur in tiefer Trance erlebt werden. Doch es gibt Möglichkeiten, das Einströmen von göttlichen und geistigen Kräften bei vollem Bewußtsein zu erleben. Es ist ein Erleben, das nur durch Devotion (»Dein Wille geschehe!«) eintreten kann. Im vollkommenen Einverstandensein wird die höchste Form von Medialität erreicht und kann nun zu den unteren Zentren fließen und das auslösen, was wir Spontan- und Wunderheilungen nennen. »Je tiefer und freier wir in uns hineinfühlen, desto klarer erkennen wir unseren göttlichen Ursprung.«

Die Chakrapolaritäten

Neben den bereits beschriebenen, vom Scheitelchakra ausgehenden dynamischen Aktivitäten gibt es paarweise Verbindungen zwischen den Chakren, die für unser Bewußtsein eine größere Bedeutung haben. In der Welt der Gegensätze lernt unser Bewußtsein durch Unterscheidung. Unser Körper bietet uns die Möglichkeit, im Zusammenspiel der Chakren die Polarität in uns selbst und in unserem Bezug zur Umwelt zu verstehen. Die Gegensätze im körperlichen Bereich sowie in den Steuerungen der Chakren führen uns zu einem Lernprozeß, dem wir uns nicht entziehen können.

Eine Besonderheit bilden das Sakral- und das Halschakra. Beide steuern ihre jeweiligen Polaritäten: das zweite Chakra die physischen, zum Beispiel das Säure-Basen-Verhältnis (Ausscheiden, Behalten, usw.), das fünfte Chakra die energetischen (Lehren/Lernen, Aggression/Depression usw.). Das zweite Chakra ermöglicht es uns zu verstehen, einen Standpunkt zu bilden und fest mit beiden Beinen auf der Erde zu stehen (das Sakralchakra pulsiert zwischen den Hüftgelenken, wo sich auch das motorische Zentrum für das Gehen befindet). Das fünfte Chakra gibt uns inneren Halt durch Begreifen und Handeln (es aktiviert die Schultern, Arme und Hände, unsere »Handlungsorgane«).

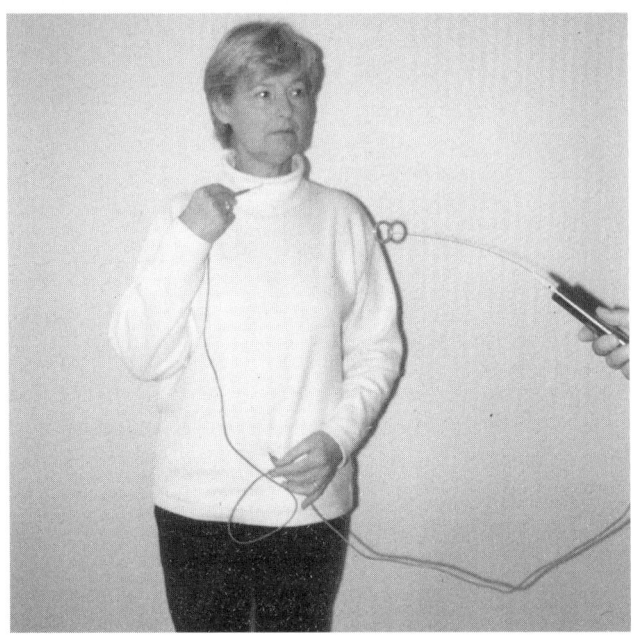

Tensormessung der polaren Chakren

Selbst auf der organischen Ebene dieser beiden Chakren gibt es paarweise Anordnungen: zwei Mandeln, zwei Schilddrüsenlappen, zwei Nieren, zwei Eierstöcke. Diese beiden Zentren stehen in ständigem Austausch und müssen sich gegenseitig ergänzen. Was wir schlucken (fünftes Chakra) wird ausgeschieden (zweites Chakra), das gilt auch für das Psychische, das Erleben, Verarbeiten und Vergessen. Wenn es an der Abstimmung zwischen den beiden Chakren hapert, kommt es zu schweren Komplikationen, zu Störungen, die fast immer mit Angst zu tun haben (siehe Beispiel 4 Seite 118ff.). Denken wir dabei an folgende Redewendungen: »sich vor Angst in die Hosen machen«,

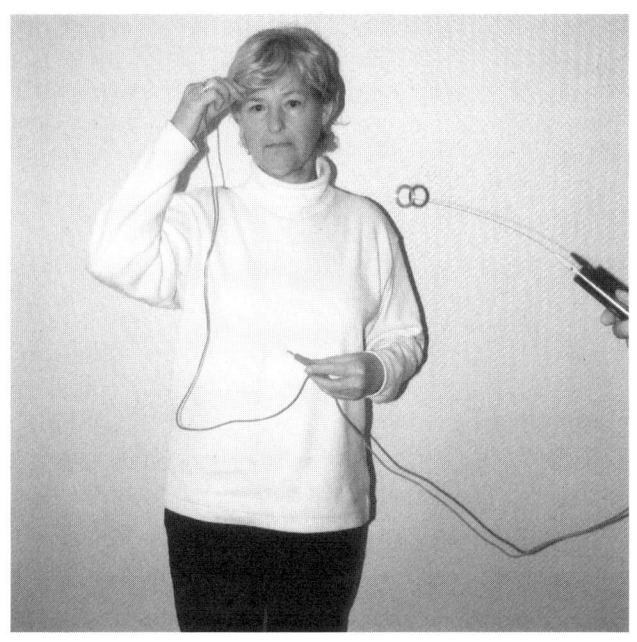

Tensormessung der polaren Chakren

»vor Angst kein Wort herausbekommen«, »die Angst hat mir die Kehle zugeschnürt«. Dieses Chakrenpaar dirigiert viele unserer Emotionen und hormonell abhängigen Reaktionen, sowohl im Physischen wie im Psychischen. So entscheidet es etwa über Dick- oder Dünnsein in Abhängigkeit von den Schilddrüsenhormonen. Das orangefarbene zweite Chakra und das blaue Halschakra stehen in ihren Farben komplementär zueinander und bieten für Sensitive eine gute Vergleichs- und Beurteilungsmöglichkeit. Mit dem Biotensor sind die Beziehungen beider gut beurteilbar, im Gefühlsbereich vorn und im Willensbereich hinten. Chakrapolaritäten haben oft schwache Bindekräfte, besonders dann, wenn in einem oder sogar in beiden Zentren Schwächen und Fehlfunktionen vorhanden sind. Bei der Heilung sollte diese Schwäche immer bedacht werden. Jedes Ärgernis, ob von außen kommend oder von innen, läßt labile Verbindungen abreißen und psychosomatische Reaktionen entstehen.

Eine weitere Polarität besteht zwischen Milzchakra und Stirnchakra. Auf der physischen Ebene geht es um die Verbindung zwischen Gehirn und Sonnengeflecht. Im Psychisch-Seelischen findet eine Wechselwirkung zwischen gefühlsmäßigen Entscheidungen und logisch-analytischem Denken statt. Drittes und sechstes Chakra sind die verbindende Kraft zwischen Gefühl und Denken. Ist die Verbindung schwach oder sogar unterbrochen, werden wir unausgeglichen und leben einseitig gefühls- oder logikbetont. Auch hier finden wir komplementäre Farben: Gelb und Violett. Und wie beim vorherigen Paar können durch Farbbeurteilung und Messungen mit dem Biotensor Diagnosen gestellt werden. Beide Chakrenpaare können von erfahrenen Heilern gut behandelt werden, wenn die im Bewußtsein des Leidenden vorhandenen Widrigkeiten aufgedeckt werden. Denn obwohl Ungereimtheiten jeweils arge Probleme erzeugen, sprechen diese Chakrenpaare gut auf Heilung an.

Eine Besonderheit ist in bezug auf das Herzchakra festzustellen. Hier ist es nicht die Polarität zweier Chakren, sondern die Gegensätzlichkeit von oben und unten, von Materie und Energie, von Körper und Psyche, die zu beachten ist. Das Herzchakra liegt zentral, hat oberhalb wie unterhalb jeweils drei Chakren und strebt den Ausgleich der vorher genannten Polaritäten an. Noch einmal gilt der Spruch: »Das Herz sollte bei allen Dingen dabeisein!« Dieser ständige Ausgleich findet in einem weiteren Energiefeld – im Nadisystem – statt.

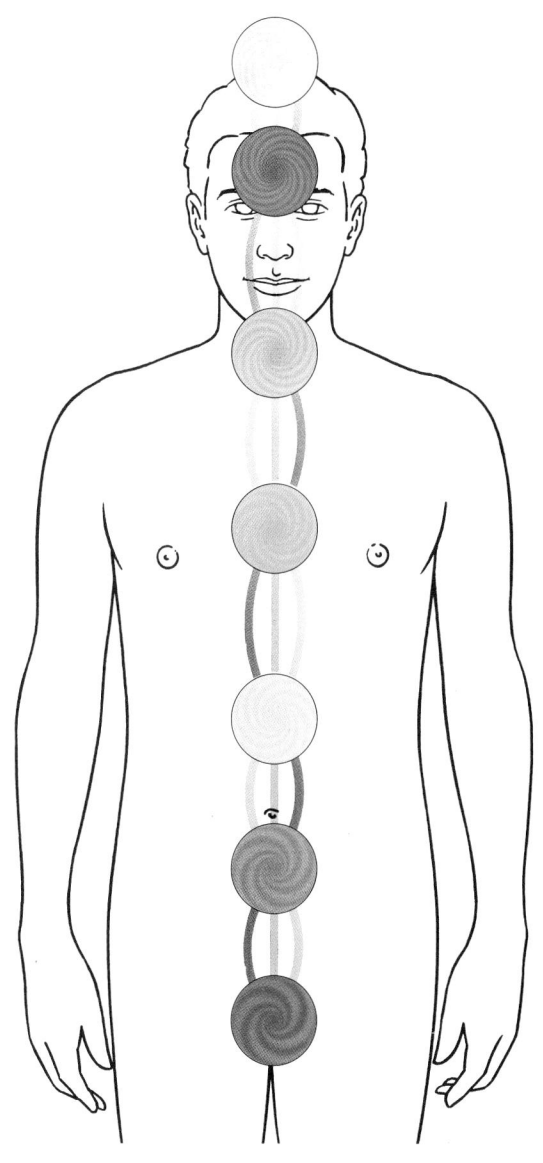

Farbtafel 1: Der Weg der Kundalini-Kraft durch die Chakren

Farbtafel 2: Farbwahrnehmung und Farbfrequenzen

Farbtafel 3: Das Lichtspektrum »weißen« Lichts

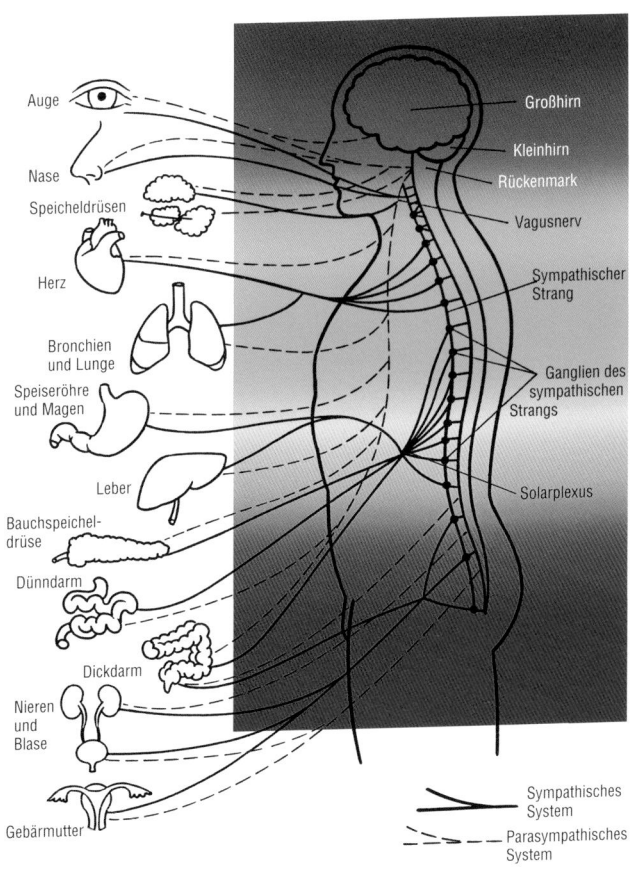

Auge

Nase

Speicheldrüsen

Herz

Bronchien
und Lunge

Speiseröhre
und Magen

Leber

Bauchspeichel-
drüse

Dünndarm

Dickdarm

Nieren
und
Blase

Gebärmutter

Großhirn

Kleinhirn

Rückenmark

Vagusnerv

Sympathischer
Strang

Ganglien des
sympathischen
Strangs

Solarplexus

Sympathisches
System

Parasympathisches
System

Farbtafel 4:

Chakren 2 bis 6 und ihre Verbindungen zum Nervensystem

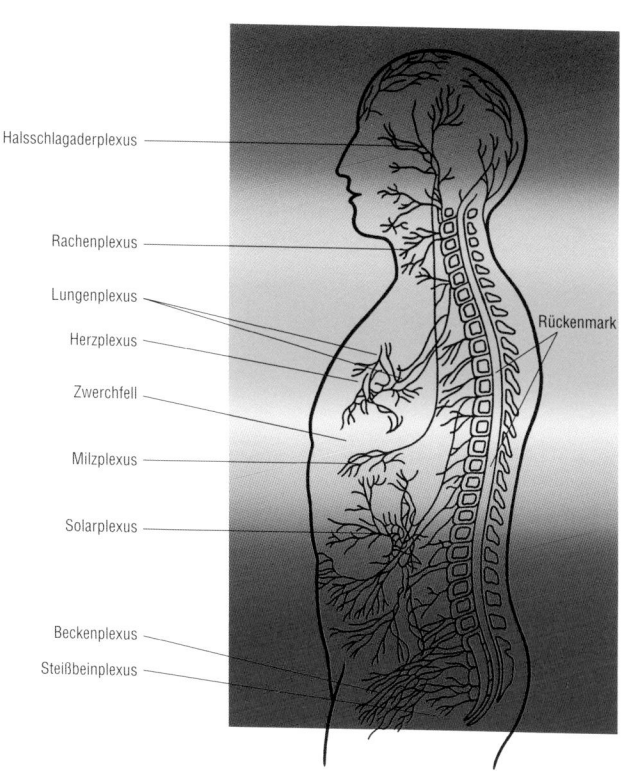

Halsschlagaderplexus

Rachenplexus

Lungenplexus

Herzplexus

Zwerchfell

Milzplexus

Solarplexus

Beckenplexus

Steißbeinplexus

Rückenmark

Farbtafel 5:
Die Chakrenenergie und die autonomen Nervenplexe

Farbtafel 6a: Formveränderungen

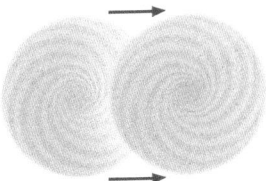

Farbtafel 6b: seitwärts verschobenes Chakra

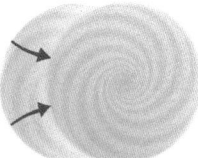

Farbtafel 6c: hervortretendes Chakra

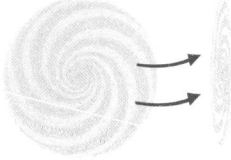

Farbtafel 6d: seitwärts verdrehtes Chakra

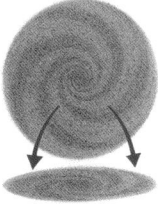

Farbtafel 6e: herausgeklapptes Chakra

Farbtafel 6f: Energieverlust eines Chakras

Farbtafel 7: Wurzelchakra

Farbtafel 8: Sakralchakra

Farbtafel 9: Milzchakra

Farbtafel 10: Herzchakra

Farbtafel 11: Halschakra

Farbtafel 12: Stirnchakra

Farbtafel 13: Scheitelchakra

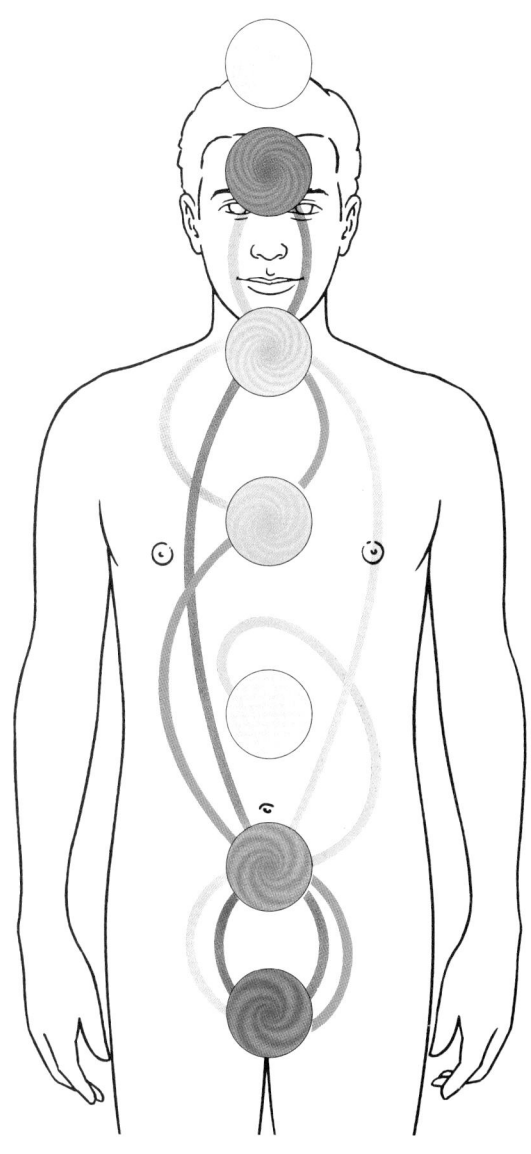

Farbtafel 14: Nadis – große Energiebahnen

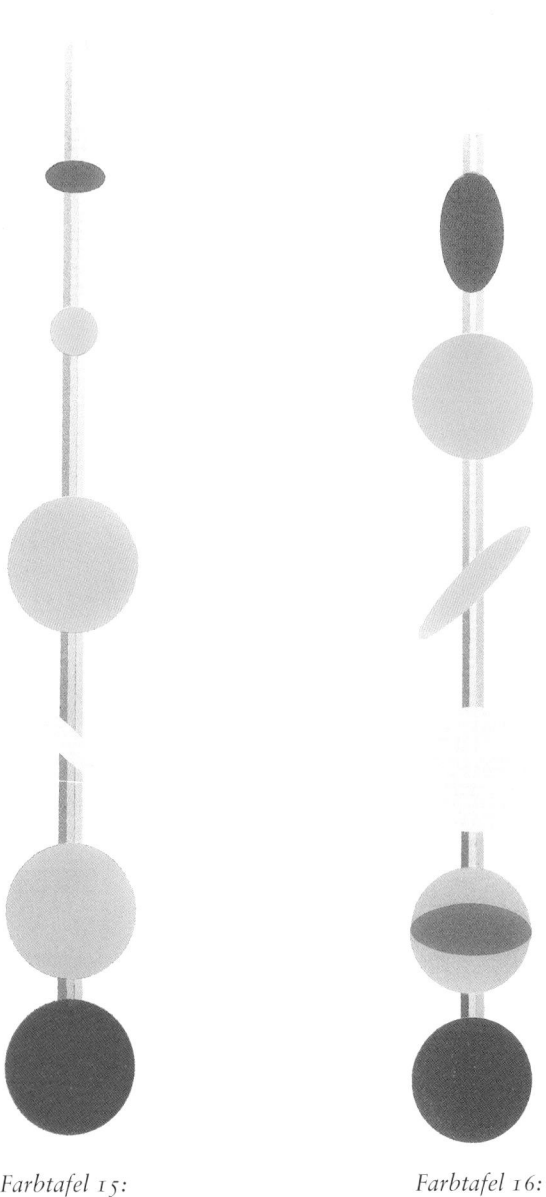

Farbtafel 15:
Störungen im System

Farbtafel 16:
Gestörtes System

Chakrenkommunikation

Die Existenz der Chakren und der Kundalini ist heute allgemein bekannt und in vielen Büchern beschrieben worden. Das Nadisystem dagegen – ein Geflecht von Energiebahnen mit vielen Nebenchakren – wird, wenn überhaupt, nur nebensächlich erwähnt. Aus meiner Sicht und aufgrund der Ergebnisse von radiästhetischen Meßreihen kommt diesem System in jedem Falle eine besondere Bedeutung zu.

Jedes Chakra kann außerhalb des Flusses der Kundalinikraft mit jedem anderen Chakra direkt oder indirekt, über ein oder mehrere Chakren, verbunden sein. Zum Beispiel das zweite mit dem sechsten oder das zweite mit dem siebten und dann mit dem sechsten. Oder das zweite zum dritten, zum vierten und zum sechsten. Es ergeben sich Hunderte von Kombinationsmöglichkeiten! In der Praxis werden aber bestimmte Energiebahnen bevorzugt. Auch auf dieser Ebene ist jeder Mensch einmalig. Beim einen werden starke Bahnen zwischen drei oder vier Chakren bevorzugt, beim anderen wird scheinbar ein Chakra umgangen, dann wieder zeigt sich ein Chakra besonders dominant, indem viele Nadis von ihm ausgehen. Manchmal ergeben sich auch starke Verbindungsknoten außerhalb der sieben Chakren. Sie bilden energetische Konzentrationen in einem Körperteil oder Organ als Nebenchakren, leuchtend-belebend, bestimmte körperliche oder physisch-seelische Prozesse ausdrückend und steuernd.

Fehlen markante Bahnen oder sind nur schwache, kaum sichtbare Verbindungen zu einem Chakra vorhanden, entstehen psychisch-seelische Komplikationen, oft verbunden mit psychosomatischen Erkrankungen. Das Nadisystem schwingt mit unserem Gemütszustand, mit unseren Emotionen, bleibt aber im großen und ganzen in einem persönlichkeitsbezogenen Muster. Vieles deutet darauf hin, daß in diesem Muster der Nadis unser Persönlichkeitsprofil, unsere Neigungen und Bedürfnisse, aber auch unsere Schwächen und Unvollkommenheiten zu erkennen sind. Es muß grundsätzlich im Zusammenhang mit den Chakren gesehen werden, kann aber weit über die Beurteilung und Betrachtung der Chakren hinaus Informationen liefern. Ein gutes Chakrensystem bedingt auch gute Nadis, und sind die Chakren der Ausdruck unserer Lebensdynamik, so zeigt das Nadisystem die Art und Weise, wie wir mit dieser Dynamik umgehen.

Gestörte Chakrenkommunikation ist nicht nur auf die psychische Ebene begrenzt; es können auch körperliche Erkrankungen entstehen. Ich möchte dies an einem Beispiel erläutern: Ein etwa 40 Jahre alter Mann hatte vor drei Jahren eine Herzbeutelentzündung, die nach Aussagen der behandelnden Ärzte ausgeheilt war. Dennoch klagte er über Druck auf der Brust und über Atemnot, was zeitweise zur Arbeitsunfähigkeit führte. Allein die Einnahme von Cortison brachte ihm Hilfe, aber eben auch die entsprechenden schwerwiegenden Nebenwirkungen. Die Chakrenuntersuchung zeigte vorn ein leicht gestörtes Herzchakra und stärkere Abweichungen im Stirnchakra, vorn und hinten. Die erste Behandlung erbrachte eine gute Verbesserung im Herzchakra, aber nur eine leichte Korrektur des Stirnchakras. Eine weitere außersinnliche Diagnose deckte den Verursacher auf: Der Allergiemeridian zeigte eine große Schwäche (vielleicht der Grund für die Verkrampfungen in der Brust). Zwischen dem vierten und dem fünften Chakra waren gar keine Nadis zu erkennen! Die Konsequenz für den Mann war gravierend: Herzensangelegenheiten und Denken fanden keinen gemeinsamen Nenner mehr. Zusammen mit meinem geistigen Führer aktivierte ich die Verbindungen. Vor der Behandlung sagte ich dem Patienten, er möge sich währenddessen entspannen und auf Bilder oder aufsteigende Erinnerungen konzentrieren, denn sie könnten Hinweise auf den Verursacher seiner Krankheit geben. Nach der Behandlung, in der die Nadis wieder aufgebaut und der Allergiemeridian normalisiert wurde, waren alle Chakren in Farbe und Schwingung wieder normal. Während der Behandlung traten tatsächlich Erinnerungen auf, die mit Erlebnissen mit der verstorbenen Großmutter zusammenhingen.

Nachuntersuchungen nach drei Tagen ergaben – bei halbierter Dosis von Cortison – volle Stabilität auf allen Energieebenen. Der Patient sagte mir, durch die Behandlung fühle er sich, als sei er aus einem stickigen Raum in frische Waldluft getreten. Nach einiger Zeit konnte er ganz auf die Einnahme von Cortison verzichten.

Oft werde ich gefragt, warum ich denn keine psychologischen Gespräche über die während der Behandlung aufgetretenen Bilder führe. Meine Erfahrung zu diesem Thema ist, daß eine erfolgreiche Chakrenbehandlung das Problem am besten auflöst. Wenn die Werte hundertprozentig sind, ist alles erlöst. Anders liegt der Fall, wenn die Behandlung nicht zur vollen Korrektur führt. Dann können Gespräche von Vorteil sein.

Die Nadis sind die Repräsentanten unserer Verhaltensweisen, sie schwingen mit unseren psychischen Aktivitäten und können sich verändern, wenn wir uns im Innersten wandeln. Tragische oder sehr aufwühlende Erlebnisse verzerren diese energetischen Verbindungen und können sie fixieren, sie auf für uns unnatürliche Art und Weise festhalten. Geschieht dies, kommen wir von alten Erinnerungen nicht mehr los, das System ist »eingefroren«, und es können sogar, wie das Beispiel zeigt, ernsthafte Krankheiten die Folge sein. Bevor wir uns weitere Beispiele anschauen, wenden wir uns dem Nadisystem in allgemeiner Form zu.

Grundsätzliches zum Nadisystem

Das Nadisystem ist Teil des Chakrensystems und gehört somit zum Wirkungsbereich des Geist-Seele-Prinzips. Es ist ein dynamisches, sich ständig wandelndes Energiefeld. Wenn uns Emotionen erfassen, wenn erregende Erlebnisse uns aufwühlen, dann vibriert auch das Nadigeflecht. Es ist ein persönlichkeitsbezogenes Energiefeld, das sich in seiner Grundstruktur nur ändert, wenn der Mensch seinen Charakter verändert.

Je mehr Verbindungen – Nadis – es zwischen den Chakren gibt, um so größer ist die Verarbeitungsfähigkeit und Ausdruckskraft der Seele. Sind Energiebahnen zwischen einem oder mehreren Chakren nicht vorhanden, gestört oder blockiert, entstehen Probleme im körperlichen oder psychisch-seelischen Bereich. Je nach Art der Ausfälle kann die Störung sich im Nervensystem zeigen, sie kann die Heilkräfte blockieren, das Hormon- oder Enzymsystem betreffen, Allergien auslösen und vieles mehr. Verlaufen zwischen einigen Chakren sehr starke Verbindungen, werden die dazugehörigen Eigenschaften und Verhaltensweisen besonders ausgeprägt sein, natürlich auch dann, wenn sie problematisch sind. Selbst psychosomatische Erkrankungen werden dann hingenommen, um die entsprechenden Neigungen und Bedürfnisse auszuleben.

Eine Veränderung der Nadis ist immer mit einer Veränderung der psychisch-seelischen Eigenschaften des Menschen verbunden. Wenn sich durch einen Zuwachs an Lebenserfahrung unser charakterliches Profil ändert, wenn unsere Erlebnisse uns reifen lassen, dann werden fehlende Nadis ergänzt und bereits ausgeprägte sich verändern. Nadis können in der Heilung unter geistiger Führung mit Chakrenenergie beeinflußt werden. Eine bleibende Korrektur ist allerdings nur dann zu erwarten, wenn der Heilungsprozeß eine angemessene Bewußtseinsveränderung auslöst.

Die Nadis können zur Zeit noch nicht mit technischen Mitteln erfaßt werden. Nur bei Korrekturen durch Heilungen können Veränderungen über die Manifestationen anderer Energien (in Nerven und Meridianen) nachgewiesen werden. Sensitive vermögen sie jedoch mit einiger Übung zu erfassen. Mit Abtastelektroden und dem Biotensor nach Dr. Oberbach gelingt es nach einiger Übung, die Verbindungen zwischen den Chakren zu bestimmen.

Wenden wir uns nun einigen häufiger auftretenden besonderen Ausprägungen dieser Energiebahnen zu. Alle auf Farbtafel 14 dargestellten Energiebahnen sind übertrieben schwungvoll dargestellt und die Farben willkürlich gewählt. In der natürlichen Erscheinung sind Leuchtstärke und Farbe ein zusätzlicher Hinweis auf schwache oder starke, eventuell auch einseitige Eigenschaften. Bei einigen Menschen sind die Nadis heller, bei anderen blasser, eben gerade so, wie wir unser inneres Licht leuchten lassen.

Betrachten wir nun die Zeichnung. Die violette Linie verläuft vom sechsten zum fünften, zum zweiten und ersten Chakra. Drittes und viertes Chakra sind in diesen Energiefluß nicht mit eingebunden.

6. Stirnchakra: Denken und Urteilen
5. Halschakra: Sprechen und Handeln
2. Sakralchakra: Sexualität und Ausscheidung
1. Wurzelchakra: Willen und Standpunkt
4. Herzchakra ist nicht eingebunden; Liebe und Heil fehlen
3. Milzchakra ist nicht eingebunden; Eindrücke werden nicht verarbeitet.

Wir haben es hier mit Bedürfnissen und Eigenschaften zu tun. Das Thema ist, Wille und Kraft (erstes Chakra) in die Sexualität zu tragen (zweites Chakra), ohne sie innerlich in Liebe zu verarbeiten (drittes und viertes Chakra). Chakren, die von Nadis umgangen werden, bezeichnen Unvollkommenheiten in der Verarbeitung von Lebensprozessen. In diesem Fall läuft die Information und das Zusammenspiel vom ersten und zweiten am dritten und vierten vorbei und geht sofort in Sprechen und Handeln über – im fünften Chakra – und weiter zum sechsten, zum Denken und Urteilen. Die Folge ist: Partner werden genommen und wieder weggestoßen, und es wird darüber geredet. Außerdem ist die Bereitschaft vorhanden, schmutzige Witze zu erzählen, und der Wortgebrauch geht hin zum Ordinären.

Schauen wir uns die gelbe Linie an: vom fünften zum vierten, zum zweiten und ersten Chakra. Nicht eingebunden sind das dritte und sechste Chakra.

5. Halschakra: Sprechen und Handeln
4. Herzchakra: Liebe und Heil
2. Sakralchakra: Sexualität und Ausscheidung
1. Wurzelchakra: Willen und Standpunkt
3. Milzchakra: ist nicht eingebunden; Eindrücke werden nicht verarbeitet

6. Stirnchakra: ist nicht eingebunden; Denken und Urteilen kommen zu kurz

Da das polare Chakrenpaar drei und sechs nicht eingebunden ist, können Liebe, Sexualität, die eigene Handlungsweise und die der anderen nicht verstanden werden. Konflikte werden nicht verarbeitet. Liebesleid und Mißverständnisse in Freundschaft und Familie sind die Folge.

Erscheint eine starke Verbindung zwischen dem dritten und zweiten Chakra (grüne Linie), dreht sich im physischen Bereich alles ums Essen und Ausscheiden (Übergewicht), mit unausweichlichen Problemen in den Verdauungsorganen. Im Psychischen ist das Bedürfnis dominierend, sich um alles zu kümmern, auch um Angelegenheiten anderer, sowie der Drang, sie zu belehren.

Eine weitere klammerartige Energie bilden die roten Linien zwischen zweitem und erstem Chakra. Hierbei dreht sich der ganze Wille nur um die Sexualität.

Solche klammerartigen Verbindungen zwischen zwei Chakren (sie können aber auch weiter auseinanderliegende Chakren betreffen, zum Beispiel zweites und fünftes Chakra) müssen unbedingt im Zusammenhang mit anderen Nadis und der Chakrenqualität beurteilt werden. Solche Klammern zeigen starke oder übertriebene Bedürfnisse an, können aber durch andere, weiche Verbindungen harmonisiert werden. Das betrifft auch die vorher genannten Beispiele. Außerdem sind in den Chakren, der Kundalini und den Nadis weit mehr Eigenschaften, Bedürfnisse und andere leib-seelische Aspekte vorhanden, als anhand dieser Beispiele besprochen werden kann.

Die schwierigsten Fälle werden immer durch fehlende Verbindungen eines oder zweier Chakren zu den anderen Zentren angezeigt (siehe Beispiel 1, Seite 112ff.).

Spontanheilung und die Zeit

Selbst wenn Sie bis hierhin alles gelesen haben, dürften immer noch viele Fragen offen sein. In diesem Bereich sind die Grenzen verbaler Vermittlung der Materie schnell erreicht: Wie könnten wir unserem logisch-analytischen Verstand Spontanheilungen, Entmaterialisationen und dergleichen überhaupt akzeptabel machen, geschweige denn erklären? Falls Sie selbst über keine außersinnliche Wahrnehmungsfähigkeit verfügen, können Sie diese Dinge nur glauben – oder eben nicht. Glaube ist aber kein Wissen. Um Gewißheit zu erlangen, hilft nur die eigene Erfahrung. Damit meine ich nicht, daß Sie warten müssen, bis Sie krank sind, um dann durch Geistheilung zu gesunden, sondern daß Sie durch einen gezielten Lernprozeß mit praktischen Übungen eigene außer- und übersinnliche Erfahrungen machen können. Nur dies schafft Verständnis und öffnet das Tor zum höheren Bewußtsein. Wenn die Ergebnisse Ihrer Suche Sie überraschen oder Ihnen gar phantastisch vorkommen, liegt das sozusagen in der Natur der Sache. Denn sobald man anfängt, die materielle Welt zusätzlich mit außersinnlicher Wahrnehmung zu erleben, erscheinen einem die gängigen Vorstellungen von dem, was »wirklich« und »wahr« ist, plötzlich recht ungewiß. An Stelle unserer vertrauten Sicherheit wird ein neues Bewußtsein der endlosen Möglichkeiten unserer Existenz treten.

Wir sollten aber nicht einfach alle unsere Erfahrungen von der physischen Welt über Bord werfen, denn ein Teil von uns ist und bleibt im Materiellen. Verlassen wir die fundamentale menschliche Erfahrungsebene der fünf Sinne und der herrschenden »normalen« Gesetzmäßigkeiten des Lebens, werden wir aufgefangen durch ein Informationsnetz ungeahnter Möglichkeiten. Kehren wir jedoch zurück, entstehen die Probleme oft erst. Für unsere Erlebnisse gibt es nämlich keine fertigen psychologischen Begrifflichkeiten und nicht einmal logische Erklärungen.

Eines der äußerst schwer zu verstehenden Phänomene ist das Element des Spontanen in der Geistheilung. Auch Untersuchungen in Lourdes zeigten, daß das Unmittelbare, Plötzliche, Unvermittelte konstitutiv für sogenannte Wunderheilungen ist. Die Heilung lief oft nach biologischen Gesetzmäßigkeiten ab, aber in einer so kurzen Zeit, wie wir es nur von Zeitrafferaufnahmen her kennen. In unserem Haus wurden von Heilern des öfteren solche spontanen Veränderungen im physischen Körper erzielt. Aber keiner von ihnen konnte mir erklären, wie es genau geschah. Eines fiel jedoch bei den Spontanheilungen auf: Je stärker die Medialität des Heilers war, um so öfter trat das Element der Spontaneität hervor. Der Grad von Medialität ist gleichbedeutend mit dem Grad der Erhöhung von Chakrenenergie. Je höher die Chakrenenergie, um so stärker kann die Zeit bis zur Heilung verkürzt werden.

In Heilmeditationsübungen fanden wir einen Weg, die innere Einstellung und Absicht so zu verändern, daß Heilungsprozesse sich verkürzen. Diese Einstellung führte bei einigen Teilnehmern des Fortgeschrittenenkursus dazu, auch die Zeit der Regeneration zu verkürzen. Schnelle Veränderungen im körperlichen Bereich traten besonders bei

Unfällen und Verletzungen auf. Es blieb aber anfangs, trotz aller eindrucksvollen Erlebnisse, für alle Teilnehmer ein Problem: nämlich es im Kopf zu verstehen – lehrt uns doch unsere Lebenserfahrung, daß alles seine Zeit benötigt. Das bedeutet, wir können Medialität erwerben und einsetzen, soviel wir wollen – wenn der Kopf des Heilers es nicht wahrhaben will, wird keine Zeitveränderung in der Heilung eintreten.

Wenn ich also von »zeitverändernden Heiltechniken« spreche, meine ich den auf ein Minimum verkürzten biologischen Heilungsprozeß, der durch Einwirken des Heilers entsteht. Ein Beispiel: Eine offene, blutende Wunde, entstanden durch eine Verletzung, ist circa zwei Stunden nach der Behandlung nur noch als schwacher roter Strich zu erkennen, wie eine feine Narbe, die beim natürlichen Heilungsprozeß nach ein paar Wochen zu erwarten wäre. Ein weiteres Beispiel: Ein verstauchter Fußknöchel mit Schmerzen und Schwellungen ist nach einer Behandlung sofort fast schmerzfrei und die Schwellung in weniger als einer Stunde verschwunden.

Bei einer Heilung mit spontanen Effekten bilden sich vom Scheitel- zum Stirnchakra starke Energien, die dann zu den anderen an der Heilung beteiligten Chakren weiterfließen. Durch unser ungläubiges Denken kann dieser Prozeß gestört werden. »Zeitverändernde Techniken« funktionieren nur dann, wenn wir unser Denken in eine absichtslose Haltung bringen. Diese ist äußerst schwer zu erlangen, denn unser Gehirn bietet uns pausenlos Bilder und Lösungen an. Selbsthypnose bzw. Trance wäre hier angezeigt, aber diese ist genauso schwer zu erreichen. Die beste Möglichkeit bietet ein Dialog und die Zusammenarbeit mit dem eigenen Geistführer. Über ihn führt die Verbindung zu einer höheren geistigen Ebene. Egal ob Engel, Geistführer oder Arzt aus dem Jenseits: Dies ist die ideale

Form bei der Heilung. Nicht nur in diesem Fall, also bei »zeitverändernden Techniken«, sondern bei allen Heilungen, die eine tiefgreifende Veränderung im Physischen wie im Psychischen bewirken soll (siehe Beispiel Nr. 2, Seite 114f.). Durch die Zusammenarbeit mit meinem Geistführer erlebe ich eine so intensive Einbindung in seine Absichten, daß meine Gedanken stark abgelenkt werden und kein Zweifel entstehen kann, sondern begeistertes Mitmachen erwirkt wird.

Trotz aller Erfahrung mit spontanen Heilungen konnte ich keine logische Erklärung zu Fragen finden wie: Was ist Zeit? Wodurch und wie wird sie verändert? Bei einem Heilertreffen kam wieder einmal eine Diskussion über die bei den Behandlungen auftretenden spontanen Regulierungen auf. Selbst durch die Relativitätstheorie, die ja die Möglichkeit einer Zeitveränderung durch sehr hohe Geschwindigkeiten zuläßt, konnten wir keine befriedigende Erklärung finden. Bei mir stellte sich das Gefühl ein, die geistige Welt könnte uns eine Erklärung für diese Phänomene geben. Also begab ich mich in einen veränderten Bewußtseinszustand und bat meinen Geistführer, von dem ich schon oft Erklärungen über Heilungen erhalten hatte, eine Aussage zu diesem Thema zu machen. Das folgende war das Ergebnis.

Durchsage zur Frage: »Was ist Zeit?«

Die Zeit ist ein Teil des kreativen Geistes.

Die Zeit ist der Stabilisator für das physische Universum.

Die Zeit ermöglicht es, daß alle Gesetzmäßigkeiten in der dreidimensionalen Welt ablaufen.

Wird der Stabilisator Zeit verändert, verändern sich die Gesetzmäßigkeiten in der physischen Welt.

Die Zeit fließt immer in Richtung Zentrum der Wahrnehmung, dadurch kommt die Zeit immer auf uns zu.

Im Zentrum der Wahrnehmung ist immer Gegenwart.

Über den Faktor Zeit reflektiert sich die Dreidimensionalität zum Zentrum der Wahrnehmung.

Durch Verlagerung des Zentrums der Wahrnehmung kann der Fluß der Zeit verändert werden, die Zeit wird instabil, und Veränderungen der Gesetzmäßigkeiten in der physischen Welt können geschehen.

Je weiter unsere Wahrnehmung oder auch Betrachtung sich vom ruhenden Zentrum entfernt, um so schneller werden Bewegungen in der Dreidimensionalität.

Je weiter die Wahrnehmung, um so schneller läuft die Zeit bei gleichzeitiger Verzerrung der Realität.

Bildlich gesprochen: Wir können uns die Zeit wie ein großes, sich drehendes Rad vorstellen. Je weiter sich unsere Betrachtung von der Nabe entfernt, um so größer ist die Geschwindigkeit, in der es sich bewegt. Je weiter dementsprechend unsere Betrachtung des Heilungsvorganges in größere Entfernungen verlegt wird, um so größer ist die Geschwindigkeit der Heilung.

Es hängt von unserer Aufmerksamkeit und Vorstellungskraft ab, den Heilungsprozeß in weite Räume oder andere Zeiten zu verlegen. Wir haben die Wahl, die zeitliche oder räumliche Veränderung in unserem Bewußtsein vorzunehmen. Wir können beispielsweise eine Verletzung des vor uns sitzenden Kranken in zeitliche Ferne rücken und uns die ausgeheilte Wunde vorstellen, wie sie in drei bis vier Monaten aussehen würde. Diesen ausgeheilten Zustand bringen wir aus der zeitlichen Ferne mit höchster Aufmerksamkeit zurück, mit der festen Überzeugung, ihn in die Gegenwart zu holen. Allein durch unsere Vorstellungskraft und den Wunsch zu helfen können wir den Zustand jedoch nicht herbeiführen. Es muß noch eine andere Kraft mitwirken, nämlich die Medialität, das heißt, die wesentlich verstärkten Energien des Stirn- und Scheitelchakras. Diese werden dann über das Herzchakra abgegeben. Unsere Vorstellungskraft und die Verstärkung des Energiestroms sind es, welche die Manifestationen aus dem Raum oder der Zeit – aus großen Entfernungen – in die Gegenwart holen. Die größte Schwierigkeit aber liegt in unserem mangelnden Glauben, daß diese Art von Heilung möglich ist. Solange wir diese Zeitveränderung in der Heilung aufgrund unserer Lebenserfahrung anzweifeln, wird uns nichts gelingen.

Eine andere Art der Medialität besteht darin, die gesamte Heilung in die »Hände« der geistigen Helfer zu legen. Solch eine Verbindung zum Geistführer, Engel oder

Arzt aus dem Jenseits ist in unserer Wahrnehmung so weit entfernt, daß Zeit, Raum und physische Gesetzmäßigkeiten aufgehoben sind. Erfüllt uns die Gewißheit, daß die regulierende Kraft aus dem Geist von jenseits unserer Wirklichkeit kommt, kann das geschehen, was wir wünschen. Spontanheilungen unter geistiger Führung können so weit gehen, daß selbst karmische Erlebnisnotwendigkeiten auf ein Minimum gesenkt werden. Wir brauchen die Zeit nicht mehr »abzusitzen«, wir werden gleichsam begnadigt. Die geistige Welt ist in der Lage, jeden Heilungsprozeß, wenn er sinnvoll erscheint, abzukürzen. Das kann im physischen Körper geschehen oder auch in unserer Seele, die durch diesen Prozeß schneller den Weg zur Vollkommenheit zu gehen vermag.

Heilungsbeispiele

Beispiel 1: Normalisierung der Nadis

Eine Patientin, selbst Heilpraktikerin, klagte seit 20 Jahren über Durchfall. Nachdem sie in dieser Zeit von der Schulmedizin über die Naturheilkunde bis hin zu fernöstlichen Heilweisen alles ohne Erfolg ausprobiert hatte, hatte sie eine totale Resignation ergriffen: »Mir kann keiner helfen, ich muß damit leben«, war ihr Glaubenssatz, als ich sie kennenlernte. Die Betrachtung ihres Chakren- und Nadisystems ergab: Das dritte Zentrum zeigte eine stark erhöhte Schwingung, was dazu führte, daß einige Frequenzen des Sonnengeflechts nicht stimmig waren. Diese überhöhten Schwingungen pflanzten sich besonders im Dünndarm fort und konnten als hohe Ausgangswerte am Dünndarmmeridian gemessen werden. Nach erfolgloser Chakrenbehandlung ergab die Diagnose über das Nadisystem zwei Ungereimtheiten: Zwischen dem zweiten und dritten Chakra existierte so gut wie keine Nadiverbindung. Stoffwechsel, Ausscheidung, auch Sexualität (zweites Chakra) und Verdauungssäftevorbereitung sowie die Verarbeitung von Eindrücken (drittes Chakra) waren in keiner Weise aufeinander abgestimmt. Nach oben ließen sich starke Energiebahnen erkennen, aber das Herzchakra war nicht oder nur sehr schwach eingebunden. Es fehlte an einer Lebenseinstellung im Sinne von: »Liebe geht auch durch den Magen.«

Angesichts der erfolglos gebliebenen Chakrenbehandlung mußte nun geklärt werden: Welches Verhalten, Denken und Fühlen störte den Energiefluß und den Informationsaustausch zwischen dem zweiten, dritten und vierten Zentrum? Durch Visualisierung der drei Zentren mit allen Verbindungen konnten im Gespräch jene Bewußtseinsprozesse aufgedeckt werden, die zur Verdauungsstörung führten. Die stärkste Nadistörung war zwischen dem zweiten und dritten Chakra zu lokalisieren. Einfach ausgedrückt: Sexualität oder Ausscheidung und Stoffwechsel wurden abgelehnt. Im Gespräch ergab sich nun, daß sie in den vergangenen zehn Jahren zehn bis zwanzig Jahre jüngere Liebhaber hatte. Dieser Altersunterschied führte immer wieder zu großen Problemen mit anschließenden Trennungen. Trotz bewußter Erkenntnis der Problematik des Altersunterschiedes waren Neigungen und Bedürfnisse stärker als die Vernunft. Im weiteren Gespräch ergab sich außerdem, daß eine Abneigung gegen feste Familien- und Ehebande bestand, ja, daß eine solche Vorstellung ihr angst machte.

Ich unterbreitete ihr den Vorschlag, zusammen mit meinen Geistführern und Helfern einen erneuten Heilungsversuch zu unternehmen, um das Nadisystem zu normalisieren. Dabei würden sich aber, gab ich zu bedenken, ihre Neigungen und Bedürfnisse, kurz: ihr ganzes Charakterprofil verändern und infolgedessen in Teilbereichen auch neue Lebensverhältnisse geschaffen werden. Mit ihrem Einverständnis konnte eine erfolgreiche Korrektur mit Hilfe der geistigen Welt durchgeführt werden. Am darauffolgenden Tag waren alle Verdauungsbeschwerden verschwunden, und sie sagte, noch nie hätte sie sich so ausgeglichen gefühlt. Nach weiteren drei Monaten war die Verdauung immer noch gut, und ihre Beziehungen zur Umwelt und zu anderen Menschen hatten sich bereits positiv verändert.

Beispiel 2: Spontanheilung

Es war gegen 17 Uhr. Wir hatten einen ganzen Tag lang in der Praxis einer Ärztin eine Schulung für Heiler durchgeführt, darunter auch die Ärztin selbst. Wir waren gerade mit der Besprechung der einzelnen Fälle fertig, als eine Patientin der Ärztin in die Praxis gehumpelt kam. Sie hatte sich beim Reiten den Fuß verstaucht. Der Knöchel war so dick angeschwollen, daß der Reitstiefel nicht vom Fuß ging. Die Ärztin wollte sie zunächst zum Orthopäden schicken, doch dann sagte sie: »Warten Sie, vielleicht kann Ihnen Herr Krohne helfen, er ist ein Heiler.«

Ich fühlte mich nicht gerade glücklich darüber. Zum einen war ich durch die vielen Heilungen des Tages und die damit verbundenen Erklärungen in der Schulung etwas erschöpft, zum anderen wußte ich nicht, wie ich vorgehen sollte. Die Schmerzen kannst du ihr nehmen, dachte ich mir, aber was ist mit den überdehnten Bändern und der Schwellung? Ich wußte mir keinen Rat, und so fragte ich meinen Geistführer, ob er die Heilung übernehmen könnte. »Wir wollen es versuchen«, vernahm ich, »öffne deine Chakren, so daß Heilung mit atomaren und molekularen Energien geschehen kann.« Das bedeutete, zusätzliche Energien vom ersten und zweiten über das vierte, das Herzchakra, zu senden.

Ich saß etwa zwei Meter von der Patientin entfernt und visualisierte ihren Fuß, während aus meinem geöffneten

Herzchakra die Energie floß. Zuerst konnte ich außersinnlich wahrnehmen, wie der Fuß in Licht getaucht wurde, dann entstand der Eindruck, als ob Wasser abgesaugt würde. Danach wurden kreuzweise über Spann und Knöchel elastische Bänder gespannt und mit blaugrünem Licht bestrahlt. Dann bildete sich eine grobmaschige Gaze um das Knöchelgelenk und wurde mit einer gallertartigen Flüssigkeit eingestrichen. Zum Schluß wurde der ganze Fuß mit blauem Licht bestrahlt. Der gesamte Vorgang dauerte etwa zehn bis zwölf Minuten.

Das alles zu beobachten war für mich äußerst faszinierend, war ich doch nur stiller Teilnehmer, ebenso gespannt wie die Patientin auf das Ergebnis dieser energetischen Behandlung. Sie sagte, die ganze Zeit über habe es im Fuß gekribbelt. Sie stand auf, belastete den Fuß, schaute ganz verwundert und sagte: »Ich habe keine Schmerzen mehr.« Dann setzte sie sich und zog mühelos den Stiefel aus. Die Schwellung war weg und der Fuß wieder völlig in Ordnung!

Dieser spontane Heilungsvorgang, der von allen Anwesenden verfolgt wurde, kann mit naturwissenschaftlichen Begriffen nicht erklärt werden. Solche immer wieder stattfindenden Heilungen werden nur möglich, wenn während des Heilvorganges eine innere Haltung eingenommen und gehalten werden kann, die völlige Neutralität im Denken und Wollen ausdrückt, jedoch getragen wird durch den Wunsch, die Vollkommenheit des Geistes fließen zu lassen. Niemals dürfen Zweifel oder negative Gedanken beim Heilungsvorgang aufkommen. Absolutes Vertrauen in die geistige Kraft ist notwendig: »Dein Wille geschehe!«

Nach einem Seminartag wurde mir von einer Kursteil-
nehmerin eine Verwandte vorgestellt mit der Bitte, ihr vielleicht durch Geistheilung helfen zu können. Sie litt am
ganzen Körper unter Schmerzen und hatte schon alles
Mögliche unternommen. Zwei Jahre Schulmedizin, Naturheilkunde und Psychotherapie hatten nichts erbracht.
Nicht einmal der Grund der Schmerzen war gefunden worden.

Hoffnungsvoll begann ich, wußte ich doch aus eigener
Erfahrung, daß bioenergetische Behandlungen und die
Geistheilung recht erfolgreich bei Schmerzen eingesetzt
werden können. Als erstes versuchte ich im Gespräch mit
ihr die Art, Dauer und Intensität der Schmerzen zu erfassen. In den Gelenken und der Muskulatur der Schultern
waren sie am stärksten, also begann ich hier mit Handauflegen, und zwar einer Behandlungsart mit »gepolten
Händen«, die meistens bei Schmerzen hilft. Aber es geschah nichts, die Schmerzen blieben. Nun suchte ich in der
Aura und in den Akupunkturbahnen (Meridianen) nach
Anomalien. Die Abweichungen waren gering und ließen
sich schnell normalisieren. Trotz dieser Korrektur gab es
nicht die geringste Schmerzveränderung. Nun ging ich in
die höhere Ebene, untersuchte die Chakren, die Kundalini sowie die Nadis. Hier war einiges leicht durcheinander,
mit einer Chakrenbehandlung konnten jedoch alle Zentren vom Wurzel- bis zum Stirnchakra einschließlich ihrer
Verbindungen untereinander normalisiert werden. Die
Schmerzen aber blieben weiterhin unverändert. Im siebten, dem Scheitelchakra, war immer noch eine Störung
festzustellen. Das bedeutete, der Verursacher war noch
nicht gefunden. Sofort tauchten Fragen auf: Ist es Karma,

stammt es aus dem Vorleben, was hier Schmerzen verursacht?

Über eine Stunde war schon vergangen. Ich hatte alles mir Mögliche versucht, und so kamen Gedanken hoch wie: »Hier ist wieder einmal jemand, dem nicht zu helfen ist.« Ich glaube, es war allein der verzweifelte Ausdruck im Gesicht der Kranken, der mich bewegte, dennoch nicht aufzugeben. In der Tiefenentspannung nahm ich Kontakt mit meinem Geistführer auf und bekam als erstes eine Zurechtweisung, warum ich mich so lange bemühte, wo die Dinge doch anders lägen, als bisher vermutet. Die Schmerzen seien als Warnung und gleichzeitig als erziehende Ablenkung gedacht, weil die Frau sich ohne triftigen Grund das Leben nehmen wolle, um sich den Verpflichtungen des Familiären zu entziehen.

Als ich behutsam das Vernommene aussprach und sie es bestätigte, brachen ihr anwesender Mann und ihre Tochter in Tränen aus, denn sie hatte mit niemandem darüber gesprochen. Da ich nicht wußte, wie ich weiter vorgehen sollte, fragte ich wieder die geistige Welt und bekam einen Heilungsplan vermittelt. Als erstes sollte sie mit ihrem Mann und den Kindern über ihre Absichten sprechen und dann am nächsten Tag in den Kurs kommen. Dort solle sie die Kraft aufbringen, vor den Kursteilnehmern (ein Teil von ihnen kannten sie) den Wunsch zu äußern, daß sie von dem Drang, sich das Leben zu nehmen, befreit werde.

Sie kam am nächsten Tag zum Seminar, sprach vor den Kursteilnehmern, und wir führten danach eine Gruppenheilung und Fürbitte durch. Von da an war sie schmerzfrei und blieb es auch. Dieses Erlebnis war für die Gruppe etwas so Ergreifendes und für das Seminar so wertvoll, daß der Gedanke nahelag, das alles sei von einer höheren Ebene geplant und geschickt worden.

Während eines Fortbildungsseminars brachte eine etwa 60jährige Frau ihren zehn Jahre älteren Mann mit und bat um Heilung für ihn. Sie selbst hatte einige Tage zuvor eine erfolgreiche Raucherentwöhnung erfahren, die ihr wie ein Wunder vorkam, weil sie 30 Jahre lang bis zu 60 Zigaretten täglich geraucht hatte.

Seit circa zwei Jahren hatten sich Sehkraft und Hörfähigkeit ihres Mannes stetig verschlechtert, bis ihm von beidem nur noch etwa 10 Prozent geblieben waren. Zahlreiche Untersuchungen von Fachärzten und in Kliniken erbrachten keinerlei Erklärung für diesen Abbau. Alles, was man unternommen hatte, war ohne Erfolg geblieben, und die Verschlechterung setzte sich fort – mit und ohne Behandlung. Die totale Blind- und Taubheit schien nur noch eine Frage der Zeit zu sein. Mit verschiedenen Testverfahren zeigte sich uns folgendes bioenergetisches Bild: Die Aura zeigte von unten bis zum oberen Brustbereich normale Werte. Schulter-, Hals- und Kopfbereich strahlten jedoch ein äußerst schwaches, kaum wahrnehmbares Energiefeld ab. Die Aura hörte praktisch im oberen Brustbereich auf. Heilkräfte, Regenerationsfähigkeit und Immunsystem zeigten Normalwerte. Bis auf geringe Abweichungen waren auch alle Meridianwerte in der Norm.

Das Chakrensystem zeigte folgendes Bild (siehe Farbtafel 15): erstes und zweites Chakra Normalwerte; drittes Chakra als diagonale Ellipse mit circa 60 Prozent Energie; viertes Chakra mit Normalwert, fünftes und sechstes mit etwa 40 Prozent der Normalenergie, dabei das Stirnchakra als horizontale Ellipse. Das Scheitelchakra besaß ebenfalls als horizontale Ellipse circa 80 Prozent Energie. Das Nadisystem wies keine meßbaren Verbindungen zum

Stirnchakra auf. (Alle Werte wurden mit dem Biotensor erfaßt – siehe Diagnosen, Seite 129ff.)

Deutung der Meßergebnisse:

1. Die stärkste Störung hatte das Stirnchakra: sehr schwache, blockierte Energie (40 Prozent, horizontale Ellipse, keine Nadiverbindungen). Dies kam einem krankhaften Ausfall der Gehirnfunktionen gleich, da der Energiewert unter 50 Prozent lag. Wie im Kapitel »Grundsätzliches zum Nadisystem« beschrieben, entstehen Probleme im körperlich-psychisch-seelischen Bereich dann, wenn Energiebahnen zwischen einem oder mehreren Chakren gestört oder blockiert sind.

2. Das Milzchakra mit diagonalen Ellipsen wies auf Ärger im Verarbeiten von Eindrücken und Erlebnissen hin. Das dritte und das sechste Chakra bedingen sich gegenseitig in ihren Funktionen; in diesem Fall jedoch war die Verbindung unterbrochen, was bedeutete, daß ein Widerstand dagegen bestand, ärgerliche Erlebnisse überhaupt wahrzunehmen.

3. Das Halschakra war sehr schwach: Emotionen konnten kaum noch vorhanden sein, zu lehren und zu lernen sowie zur Einsicht zu kommen kaum noch möglich.

4. Eine Blockade im Scheitelchakra (horizontale Ellipse) war der bedrückende Befund. Mir fällt dazu immer die Redewendung ein »von Gott und der Welt verlassen sein« – oder, anders gesprochen: der Heilstrom und die Heilkunst waren blockiert.

5. Die schwache Aurastrahlung im Kopfbereich wies außerdem auf eine schwache Nervenspannung in diesem Bereich hin (Zusammenbruch durch »Genervtsein«).

Wir versuchten nun in Gruppenarbeit mit vereinten Kräften, die nötigen Energien aufzubauen, was allerdings mißlang. Ein Dialog mit dem Geistführer ergab, daß es der Wunsch des Patienten war, diesen Zustand zu erreichen, und so war seiner Bitte nachgekommen worden; der bedauernswerte Zustand sei somit nicht mehr korrigierbar.

Im Gespräch mit den Eheleuten ergab sich nun folgendes Bild: Nach seiner Pensionierung hatten sie sich von ihren Ersparnissen eine Zweizimmerwohnung auf Teneriffa gekauft und ihre Fünfzimmerwohnung in Deutschland aufgegeben. Die beiden waren in ihrem Wesen sehr unterschiedlich. Er ein ruhiger, fast bequemer Mann, sie eine quirlige Frau mit hoher und lauter Stimme. Auf engem Raum in der neuen Wohnung, wo er den Wunsch hatte, in Ruhe seinen Lebensabend zu verbringen, wurde er nun stündlich mit der lauten Stimme und den hektischen Bewegungen seiner Frau konfrontiert. Ein Ausweichen war kaum möglich. Immer wieder bat er sie: »Bitte renn doch nicht so, sprich doch bitte leiser, sei doch nicht so hektisch!« Nach ungefähr drei Jahren – seine Wünsche waren nicht erhört worden – änderten sich seine Aussagen. »Ich kann das nicht mehr sehen, ich kann das nicht mehr hören«, waren nun seine Worte. Und sie wurden erhört! Der Körper folgte seinem Wunsch, das Hören wurde schwächer, die Sehkraft schwand.

Im weiteren Gespräch mit beiden kamen sie zur Einsicht, daß sie wohl zusammen mit ihrem Verhalten diesen bedauerlichen Zustand ausgelöst hatten. Es gab keine Heilung, aber von dem Tage an verschlechterte sich sein Zustand nicht weiter.

Beispiel 5: Heilung am Herzen in Gruppenarbeit

Ein Teilnehmer eines Kurses für Fortgeschrittene bat mich vor einer Heilmeditation, sein Herz zu behandeln, das durch einen Infarkt geschwächt war. Gemeinsam gingen wir in der Gruppe in Tiefenentspannung, und mein Geistführer bat darum, daß alle Teilnehmer, die gelernt hatten, das Herzchakra zur Heilung einzusetzen, dieses jetzt öffnen und die Heilenergie zum Kranken schicken sollten. Mit dieser geistigen Energie aus mehreren Chakren wurde nun an seinem Herzen gearbeitet. Aber diese Arbeit verrichteten nicht die Teilnehmer selbst – sie lieferten nur die Energie dazu. Das Heilungsgeschehen wurde ausschließlich von der geistigen Welt aus gesteuert. Wie auf einem inneren Bildschirm konnte ich den ganzen Vorgang verfolgen. Erst wurde schichtweise von unten nach oben das Herz »durchleuchtet«. Einseitig blieb ein Teil des Herzens dunkler, und es sah wie welk oder eingefallen aus. An dieser dunklen Stelle entstand dann eine leuchtende, gewölbte Kappe, wie aus feinmaschigem Stoff. Es schien, daß dies vorher die normale Herzform gewesen war. Dann wurde der leuchtende Stoff mit einer ölartigen Flüssigkeit getränkt und mit blauweißem Licht bestrahlt. Anschließend wurde der Raum zwischen Herz und Kappe mit einer gelblichen Flüssigkeit ausgefüllt und mit grünem Licht bedacht. Zum Abschluß bildete sich über der ganzen ausgefüllten Stelle eine orangefarbige Masse. Es wurde mir »gesagt«, letzteres sei ein Schutz gegen Herzrhythmusstörungen. Die meisten Teilnehmer konnten mit außersinnlicher Wahrnehmung diesen Vorgang verfolgen und wurden davon tief berührt.

Später erreichte mich ein Brief des Behandelten:

Sehr geehrter Herr Krohne,
vor ein paar Tagen sandte ich Ihnen die Kopien meiner
vor und nach der Sitzung am 18. 08. 97 angefertigten
EKGs. Diese wurden in der Habichtswaldklinik von
Herrn Dr. Hein erstellt. Er hat mir bestätigt, daß die Folgen eines nicht erkannten »stillen Seitenwand-Infark-
tes« vermutlich aus dem Jahre 1988 zu circa 2/3 wieder
remissioniert worden sind. Die Diagnose im Juli 1997
drückte eine Leistungseinbuße von etwa 1/3 aus. Daher
kann gesagt werden, daß derzeit noch etwa 1/10 Rest-
schädigung vorhanden ist.
Der Herzschaden wurde 1990 in der Schwarzwald-Kur-
klinik, Schömberg, als Schenkelblock links eingestuft.
Nach einer Sonografie erklärte mir der dortige Arzt, daß
diese Rhythmusstörung durch einen anderen Lei-
stungsweg, den das System sich selbst gesucht habe, na-
hezu kompensiert sei und keiner weiteren Behandlung
bedürfe. Herr Dr. Hein hat diese Diagnose in keiner Weise bestätigen können. In den Sonografien, die in VHS
aufgezeichnet worden sind, hat sich herausgestellt, daß
der Kammerumfang in der Ausdehnungsphase wieder
um circa 3 mm zugenommen hat und der gesamte Be-
wegungsablauf der Kammertätigkeit elastischer geworden ist.
Ich selbst fühle mich auch entsprechend. Meine Lei-
stungsfähigkeit ist um einiges gestiegen, und ich habe
auch jetzt noch den Eindruck, daß sich die Folgen des
Infarktes für den Gesamtorganismus weiter mildern.
Daher danke ich Ihnen und der Gruppe ganz herzlich
(im wahrsten Sinne des Wortes). Als ich nach Hause
fuhr, hatte ich ein solches Gefühl von Dankbarkeit und
das Bedürfnis mit meinem »neuen Herzen« ganz vor-

sichtig umgehen zu wollen. Ein weiterer Effekt dieser Begebenheit ist, daß ich seither wesentlich gelassener und toleranter reagieren kann. Es gelingt mir zum Beispiel nun sehr leicht, mich umzudrehen und wegzugehen, wenn die Menschen etwas nicht verstehen können, was ich berichte. Früher habe ich mich dann zu rechtfertigen versucht. Ich glaube, es kommt daher, daß ich mein Herz nun schonen will.

Mit freundlichen Grüßen

Teil 3

Erlernbare Fähigkeiten der Geistheilung

Es existiert ein breites Spektrum geistiger Heilungsmöglichkeiten und -techniken: von einfacher suggestiver Beeinflussung über Reiki, Handauflegen, Gebet, Imagination, Chakrenarbeit bis hin zur Geisteschirurgie. In diesem Kapitel befassen wir uns als erstes mit der Chakrendiagnose und -heilung, danach geht es um die Zusammenarbeit mit einem Geistführer. Andere Techniken der Diagnose und Behandlung meiner Lehrtätigkeit sind in dem Buch »Die Heilkraft in Dir« von Fritz und Ulrike von Osterhausen (Hugendubel Verlag) beschrieben.

Vor jeder Heilung sollte die Diagnose stehen, beginnen wir also damit. Es gibt drei Möglichkeiten, aufgrund des Zustandes der Chakren eine Diagnose zu stellen:

1. mit hohem technischem Aufwand und teuren Geräten, wie sie zum Beispiel von Dr. Motoyama, Tokio, beschrieben wurden;
2. mit Wünschelrute, Pendel oder Biotensor nach Dr. Oberbach sowie mit anderen Radiästhesiegeräten;
3. durch hellsichtige Wahrnehmung oder durch Fühlen mit den Händen.

Außersinnliche Wahrnehmung der Chakren ist zwar erlernbar, bleibt aber die Ausnahme. Nur mit täglichem Üben, und das über Jahre hinweg, kann ein Bewußtseinszustand erreicht werden, der Bioenergie in den Wahrnehmungsbereich bringt. Wahrnehmen oder »Sehen« allein ist jedoch noch keine Diagnose. Von der ersten außersinnlichen Wahrnehmung bis zur brauchbaren Diagnose ist es noch ein weiter Weg, der wiederum mit Üben, Üben und nochmals Üben gepflastert ist. Die Erfahrung zeigt, daß die Entwicklung zu diesem Ziel in Gruppenarbeit weitaus günstiger verläuft. Wesentlich schneller geht es mit dem Biotensor, aber auch hier würde ich bis zur sicheren Aussagefähigkeit zwei bis drei Jahre Lernen erwarten, das tägliche Üben immer vorausgesetzt.

Das erstgenannte Verfahren scheidet für die meisten von uns ohnehin aus. Betrachten wir also die beiden anderen Möglichkeiten. Von allen Radiästhesiegeräten halte ich den Biotensor für das Gerät, dessen Handhabung am leichtesten zu erlernen ist. Auch sind die Möglichkeiten des Biotensors mit Abtastelektroden viel umfangreicher als bei Rute und Pendel.

Chakrendiagnose mit dem Biotensor

Bei der Tensorarbeit sollten Sie mit einfachen Messungen beginnen, wie sie im oben genannten Buch aufgezeigt sind. Es liefert eine Beschreibung der Grundelemente und wichtigsten Praktiken bei außersinnlichen Diagnosen und Heilanwendungen, wie sie in meinen eigenen und anderen Kursen angeboten werden. Ohne Praxis und Erfahrungsaustausch oder Seminararbeit ist es schwierig, damit zu arbeiten. Sollten Sie keine Praxis haben, können die folgenden Ausführungen eine theoretische Grundlage für spätere Übungen liefern. Um die Chakrenenergie außersinnlich zu erfassen, muß das Radiästhesiegerät genau auf die energetischen Schwingungen der Chakren abgestimmt sein. Die meisten Ruten, Pendel und Federpendel erfüllen diese Anforderung einer Schwingungsanpassung nicht. Wenn ich im folgenden vom Biotensor spreche, meine ich das Konstruktionsprinzip von Dr. Oberbach. Dieser Tensor besteht aus einem circa 20 cm langen, runden Metallrohr, das an beiden Enden mit Metallstopfen versehen ist. Diese Metallstopfen haben jeweils eine Bohrung als Steckkontakt. Das Metallrohr dient als Handgriff und Kontakt für den Federstab mit Ring. Der Federstab weist eine Länge von circa 30cm auf und ist mit dem elastischen Federstahldraht und dem Gewicht des Ringes auf bestimmte

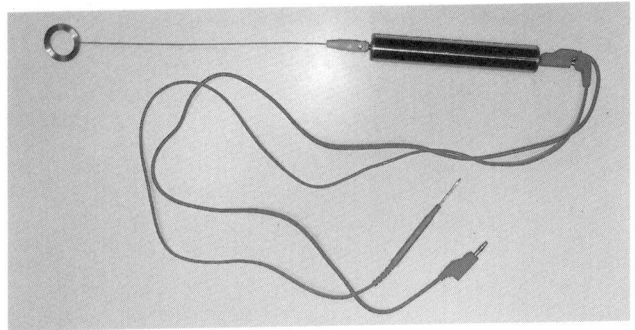

Biotensor

bioenergetische Schwingungen abgestimmt. Auf der anderen Seite des Handgriffs können Kabel mit Abtastelektroden eingesteckt werden. Das Gerät reagiert in unserer Hand auf Schwingungen der verschiedensten Art, wenn der Ring oder die Abtastelektroden in energetische Felder eintauchen. Die Handhabung und das Deuten der Schwingungen sollten am besten in einem Kurs erlernt werden. Beispielsweise entstehen bei der Handhabung Zwangsbewegungen – wie sie Dr. Oberbach nennt –, die anfangs für Verwirrung sorgen können. Zudem ist unter Anleitung alles schneller und sicherer zu erlernen. Über den Biotensor gibt es Literatur, zum Beispiel »Das große Biotensorbuch« und »Feuer des Lebens« (beide im Dr. Oberbach-Eigenverlag erschienen). Um die Chakrenenergien zu messen, ist es wichtig zu wissen, daß sie alle wirbelnde Drehbewegungen vollziehen – rechts- oder linksherum oder abwechselnd rechts-links. Diese Drehbewegungen sind in der Literatur sehr widersprüchlich beschrieben, was in der Natur freischwingender Rotationen liegt. Machen Sie folgenden Versuch: Strecken Sie beide Arme nach vorn aus. Nun lassen Sie in kleinen Kreisen einen Arm links- und einen rechtsherum rotieren. Sie haben nun zwei entgegengesetzte Bewegungen. Behalten Sie beide Drehbewegungen bei, und führen Sie nun die ausgestreckten Arme zur Seite nach rechts und links. Wenn beide Arme eine horizontale Achse bilden, stellen Sie plötzlich fest, daß die Bewegungen nicht mehr entgegengesetzt, sondern synchron erscheinen. Ähnlich ist es mit der Rotation der Chakren. Es hängt immer von der Blick- bzw. Meßrichtung ab, welche Rechts- oder Linksrotation wir wahrnehmen. Wenn ich nun von den Drehbewegungen der Chakren spreche, dann ist immer der Blickwinkel von vorn, von Angesicht zu Angesicht, gemeint. Bei Messungen mit dem Biotensor und einer Meßleitung mit der Abtastelektrode ist so das folgende Rotationsbild der Chakren erfaßbar (siehe auch Abb. Seite 39):

- Das Scheitelchakra dreht rechtsherum. Es ist ein gebendes Chakra, hier fließt ständig von oben nach unten zum Wurzelchakra Energie. Diesen gebenden Charakter können wir auch mit + bezeichnen.
- Beim Stirnchakra dreht der Biotensor, wenn wir die Meßelektrode an die Stirn legen, links-, am Hinterkopf angelegt, rechtsherum.
- Das Halschakra zeigt vorn und hinten einen Wechsel der Rotationen + und – (Rechts- und Linksrotationen).
- Das Herzchakra zeigt eine Rechtsrotation, wenn die Elektrode am Brustbein angelegt wird und eine Linksrotation zwischen den Schulterblättern.
- Das Milzchakra zeigt von vorn etwa auf der Höhe des Magens eine Linksrotation, auf der gleichen Höhe am Rücken eine Rechtsrotation.
- Das Sakralchakra, circa 3 cm unter dem Nabel gemessen, bringt einen Wechsel zwischen Links- und Rechtsrotation, genauso auf dem Rücken, etwa 2 cm über dem Hosenbund.

- Das Wurzelchakra rotiert rechts- und linksherum, zeigt aber zusätzlich sehr unterschiedliche senkrechte, diagonale und horizontale Schwingungen. Die Meßelektrode wird hierbei am Schambein angelegt.

Aus den Bewegungen des Tensors können nun Rückschlüsse auf den physischen und psychischen Zustand des Probanden gewonnen werden. Sie geben Auskunft, ob die Chakrenenergie vollkommen rund (gesund) oder unrund (ungesund) wirkt. Da die Chakrenenergie in alle Biofrequenzen hineinwirkt und Informationen des gesamten Körper-Seele-Geist-Gebildes in sich trägt, ist es nicht immer leicht, die am stärksten belastete Ebene zu finden. Befriedigende Aussagen kommen erst dann zustande, wenn die Chakrenkommunikation in die Diagnose mit eingebunden wird.

Schauen wir uns eine Diagnose in der Praxis an.

Krankheitsbild:
Ein Patient klagte über verschiedene Lebensmittelallergien, periodisch auftretende Hautprobleme am Unterbauch und Gesäß sowie einen dumpfen Schmerz im Lendenwirbelbereich. Röntgenaufnahmen waren ohne Befund geblieben.

Ergebnisse der Chakrenausmessung (siehe Farbtafel 16)
Scheitelchakra: rund und Normalwert (circa 75 Prozent)
Stirnchakra: vorn leicht stehende Ellipse, Energie im Normalbereich; hinten rund, Energie normal
Halschakra: vorn und hinten guter Wechsel der Bewegungen, rund und Normalwerte
Herzchakra: vorn diagonale enge Ellipse, hinten rund und beide Seiten etwas über dem Normalwert
Milzchakra: vorn und hinten rund; Normalwerte

Sakralchakra: vorn Rechtsrotation normal, Linksrotation kleiner mit leicht horizontaler Ellipse; hinten Normalwerte
Wurzelchakra: Normalwerte

Das Hauptproblem zeigt das Herzchakra, da es als enge Ellipse erscheint. Zusätzliche Messungen mit verschiedenen Farben ergaben für Herz, Kreislauf, Regenerations- und Heilungsfähigkeit normale, gesunde Schwingungen. Die Messung von Thymusdrüse und Immunsystem zeigte »hackende« Bewegungen, diagonal und senkrecht. Diese Art von Schwingung ist typisch für psychisch-seelische Allergien; sie ist nur im Emotionalbereich vorn auf der Brust unrund, während hinten zwischen den Schulterblättern Normalwerte herrschen.

Das Sakralchakra mit einer kleineren horizontalen Schwingung vorn in der Linksrotation zeigt leichte unbewußte, aus dem Emotionalen kommende Ängste. (Wäre die Rechtsrotation die gestörte Seite, würde das mangelnde Kontrolle über die Antriebsenergien bedeuten.)

Die Messung mit zwei Elektroden zeigte einen schwachen Energiefluß zwischen dem zweiten und vierten Chakra, der nur bei 20 Prozent der Kommunikationsenergie lag. Dieser schwache Energiefluß war ein Hinweis darauf, daß das Problem der Allergie in einem direkten Zusammenhang mit der Angst gesehen werden konnte. Genauere Auswertungen der Rotation des zweiten Chakras (Anzahl der Rechts- und Linksdrehungen des Tensors) ergaben ein Verhältnis von zwölf Rechtsrotationen mit circa 75 Prozent und neun Linksrotationen (bei liegender Ellipse) mit etwa 60 Prozent Energie. Abweichungen von runden Schwingungen sind immer ein Hinweis auf Funktionsstörungen. Das Sakralchakra steuert im Physischen die Ausscheidungsorgane, also auch die Haut, den Stoffwechsel und das Säure-Basen-Verhältnis der einzelnen Körperflüssigkeiten. Die Rechtsrotation ist unter anderem ein Hinweis auf die Säure; die Linksrotation gibt die Basenstärke an. Wenn in einem Organismus Säuren und Basen in einem gesunden Verhältnis zueinander stehen, sind die Links- und Rechtsrotationen in gleicher Anzahl und gleich groß wahrzunehmen. Im vorliegenden Fall überwogen in Stärke und Anzahl die Schwingungen der Rechtsrotation. Die Säure dominierte – und war wahrscheinlich der Grund für die Hautprobleme. Wie sich nach einigen Behandlungen zeigte, dürfte die Säurenverschiebung auch den dumpfen Schmerz im Lendenwirbelbereich verursacht haben.

Im Gespräch ergab sich dann, daß die Angst vor Manipulation vorhanden war, vor allem davor, daß Menschen mit Macht wie Vorgesetzte, Polizisten, Amtspersonen und dergleichen Willkür ausüben könnten. Betrachten wir die Zusammenhänge: Unbegründete Ängste verursachen pH-Wert-Verschiebungen, wahrscheinlich hauptsächlich im Haut- und Bindegewebsbereich. Das Herzchakra als Heil- und Regenerationszentrum reagiert »ärgerlich« (allergisch, »sauer«) und behindert die Verständigung – das Unheil nimmt seinen Lauf.

Die Heilbehandlung:

Die Behandlung wurde nun nach folgenden Gesichtspunkten durchgeführt: Als erstes wurde die Allergie gelöscht, das heißt, die Energie des Herzchakras wurde mittels Übertragung von Chakraenergie in normale, runde Schwingung zurückgeführt. Bei solchen Übertragungen ist immer und grundsätzlich der Kontakt mit der geistigen Führung notwendig, denn nur vom Geistigen her kann Heilungsenergie übertragen werden, niemals aus eigener Kraft. Die Übertragung von heilender Energie kann durch Berührung, durch Auflegen der Hände oder ohne Kontakt vorgenommen werden. In diesem Zusammenhang ist zu erwähnen, daß die Regulierung von Allergien unter Zuhilfenahme geistiger Führung zu 50 Prozent bei der ersten Behandlung geschieht. Allergiker sprechen auf geistiges Heilen besonders gut an.

Als nächstes wurde die Linksrotation des zweiten Zentrums aufgebaut und mit dem Herzchakra in Einklang gebracht. Chakren, die in einer disharmonischen Wechselwirkung zueinander stehen, müssen erst einzeln – jedes für sich – in Harmonie gebracht werden. Das Verbinden beider regulierter Chakren erfolgt dann mit gepolten, heilenden Händen – mit Herzchakra-Energie. »Gepolte Hände« bedeutet, daß eine Hand nur pluspolige Energie besitzt und die andere nur minuspolige. Dadurch fließt zwischen beiden ein Energiestrom, der bei Berührung der Chakrenregionen am Körper als verbindender Strom den Ausgleich erwirkt.

Schließlich waren alle Rotationen des zweiten und vierten Chakras rund. Die Schmerzen im Lendenwirbelbereich verschwanden innerhalb von zwei Tagen. Die Angst vor Manipulation und auch die Allergien traten bis heute (zwei Jahre später) nicht mehr auf.

Schwingungen des Biotensors

Betrachten wir als erstes die Auswirkungsmöglichkeiten von gestörter Chakrenenergie.

Rund = gesund

Runde Schwingungen des Biotensors, egal ob rechts- oder linksherum, zeigen gute Energieflüsse und Harmonien im

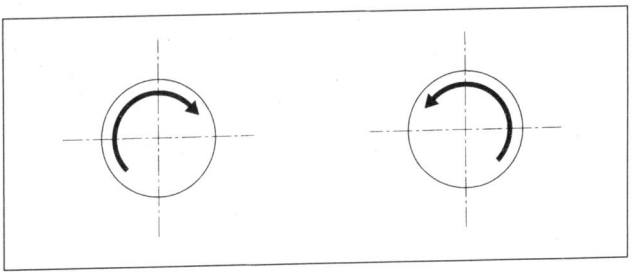

Austausch der Informationen zwischen Körper, Seele und Geist an. Die Größe des schwingenden Kreises entspricht der Energiestärke. Die Normalwerte liegen zwischen 12 und 20 cm, was 60 bis 100 Prozent der möglichen Lebensenergie ausmacht. Diese Werte, Schwingungsgrößen in Prozent ausgedrückt, gelten auch für unrunde Bewegungen.

Senkrechte oder stehende Ellipsen

Ellipsen können von fast rund über eiförmig bis ganz schmal auftreten. Je weiter die Schwingung vom Runden/Gesunden abweicht, um so stärker ist die Verschiebung zum Ungesunden hin. Die stärkste Problematik

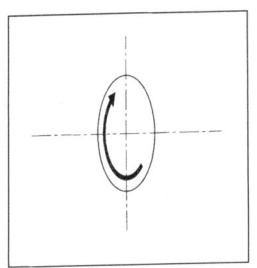

steckt in der »hackenden« Bewegung ohne erkennbare Rundung. Schwingungen, die in die Senkrechte gehen, zeigen bei allen Chakren Einseitigkeiten in der Verarbeitung von Informationen an. Die Aussagen für die einzelnen Chakren sind aber sehr differenziert (siehe weiter unten).

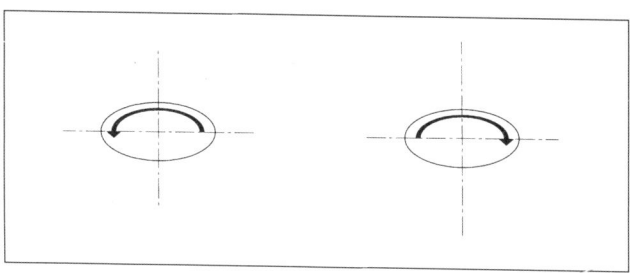

Horizontale oder flache Ellipsen

Diese Abweichungen vom Runden deuten auf Blockaden hin. Auch hier gilt: Je weiter die Schwingung sich der horizontalen Strichbewegung nähert, um so stärker sind Energien und Informationsaustausch blockiert. »Blockhackschwingungen« können verheerende Folgen in allen Lebensbereichen bedeuten. Dazu gehören Angst und Depression im psychischen und Ausfall von Organfunktionen im körperlichen Bereich.

Diagonale Ellipsen

Diese Abweichungen vom Runden können nach rechts oder nach links geneigt auftreten. Es gibt auch Fälle mit einem Wechsel der Schwingung von rechts geneigt nach links geneigt. Auch hier gelten die oben genannten Aus-

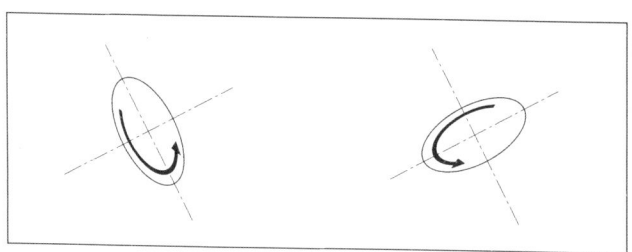

sagen über Intensität und Abweichung vom Runden. Die Schwingungen können klar diagonal wie auch leicht vom Senkrechten oder Waagerechten abweichend auftreten. Diagonale Schwingungen geben immer den Hinweis auf Verspannung, Krampf und Schmerz – auf gedanklicher, emotionaler oder der Ebene von Handlungen und Glaubenssätzen.

Wechselnde Schwingungen

Diese treten selten auf, sind aber immer ein Hinweis auf eine wechselnde Lebenssituation. Ihre Deutung benötigt viel Erfahrung, denn es können sowohl psychische wie körperliche Probleme sowie ein Wechsel von beiden dahinterstecken.

Die Aussagen der unrunden Schwingungen in den einzelnen Chakren

1. Wurzelchakra

Die Energie des Wurzelchakras, unseres Willenszentrums, zeigt immer einen Wechsel von Rechts- und Linksrotationen; was einem Wechsel von aktivem und passivem Willen entspricht. Die Anzahl der Rechtsrotationen im Verhältnis zu den Linksrotationen – bei runden Schwingungen – gibt Auskunft über den Leistungswillen. Ein in sich ruhender Wille, ausgeglichen in den Anteilen von aktiv und inaktiv, von Arbeit und Ruhe, zeitigt über den Biotensor Schwingungen im Rechts-links-Verhältnis von sieben zu sieben bis zehn zu zehn.

Verschiebt sich das Verhältnis und es überwiegen

Rechtsrotationen, dann ist dies ein Hinweis auf einen ausgeprägten Leistungswillen, hohe Belastbarkeit und Unermüdlichkeit. Überwiegen die Linksrotationen, dominieren Ruhebedürfnis und Tatenlosigkeit. Sind zusätzlich Größenunterschiede in den Kreisbewegungen vorhanden, sind noch weitere Aussagen möglich.

Nehmen wir ein Beispiel: Wir erhalten sieben runde Linksrotationen mit circa 13 cm Durchmesser und 60 Prozent Energie sowie zehn runde Rechtsrotationen mit etwa 18 cm Durchmesser und 90 Prozent Energie.

Neben einem hohen zeitlichen Einsatz von etwa zehn bis zwölf Stunden täglich (drei Rotationen mehr rechts als links) wird auch mit voller Kraft fast hundertprozentig gearbeitet. Sieben kleine Linksrotationen deuten auf wenig innere Ruhe hin, auf die Schwierigkeit, sich richtig erholen zu können, Ruhepausen zu genießen und gut zu schlafen. Würden die Linksrotationen überwiegen, wäre der passive Wille ausgeprägter und das Bedürfnis, ein ruhiges Leben zu leben, stärker. Wären in diesem Falle die Linksrotationen rund und größer als die Rechtsrotationen, würde die Tendenz vorherrschen, verstärkt (aber passiv) die Eindrücke der Umwelt und des täglichen Lebens aufzunehmen. Es fehlte die Kraft (weniger Rechtsrotationen), den Druck von außen durch Handeln zu verändern. Das Leben würde zur Last.

Zeigt sich zusätzlich zur Linksrotation eine horizontale Ellipse, werden die Wahrnehmungen der Lebensumstände zunehmend bedrückender, und der schwache aktive Wille kann immer weniger ausrichten. Je flacher die Ellipse, um so bedrückender das Leben. Zeigt die Linksrotation ein diagonales Schwingungsbild, wird vieles verkrampft oder sogar schmerzvoll aufgenommen. Leben wird durchgängig zum Leiden. Zeigen sich senkrechte Ellipsen in der Linksrotation, werden die Lebenserfahrungen und -umstände einseitig verarbeitet. Auch hier gilt: Je schmaler die Ellipse, um so einseitiger die Wahrnehmung.

Zeigen sich bei den Rechtsrotationen horizontale Ellipsen, ist der aktive Wille gebremst. »Wollen aber nicht können« bzw. die Angst vor der eigenen Courage dominieren das tägliche Leben. Man steht sich selbst im Wege, besonders wenn diese Schwingungen und Impulse in die oberen Chakren fließen. Bei horizontaler Rechtsrotation-Ellipse ist das Handeln gebremst, nur ein Teil der Lebenseindrücke kann durch den Willen zur Handlung verarbeitet werden. Auch dies ist ein Hinweis darauf, daß nur bestimmte Tätigkeiten ausgeführt werden, vieles »bleibt liegen«.

Zeigen sich in der Rechtsrotation diagonale Ellipsen, wird jede Leistungsanforderung zum Kampf. Bei großer diagonaler Schwingung tritt verstärkter Kampfeswillen auf. Die eigenen Handlungen können von anderen als schmerzlich empfunden werden.

Das Wechseln der Schwingungen im Wurzelchakra sollte immer im Zusammenhang mit den Rechts- und Linksrotationen gesehen werden, zum Beispiel links/rund, rechts/unrund: Die Lebensumstände können gut aufgenommen werden, aber die willentliche Aufarbeitung ist unvollkommen. Bei links/unrund und rechts/rund können bedrückende Lebensumstände gut verarbeitet werden. Zwischen den Rechts- und Linksrotationen können auch Zwischenschwingungen auftreten, beispielsweise eine Rechtsrotation rund, dann gleitender Übergang in eine Linksrotation, danach mehrere horizontale Schwingungen, dann wieder runde Rechtsrotation. Das Handeln, der Wille sind ausgeglichen bei runder Rechtsrotation. Auch ist die betreffende Person in der Lage stillzuhalten, Eindrücke aufzunehmen sowie in Ruhephasen Kraft zu tanken; es dauert lediglich zu lange, Erfahrungen umzusetzen und nach Ruhepausen wieder in Schwung zu kommen.

Für die gesamte Beurteilung aller Chakren bietet meistens das Wurzelchakra den entscheidenden Hinweis, wie das Lebenspotential willentlich eingesetzt wird. Oft zeigen sich in den darüber liegenden Chakren ähnliche Schwingungen wie im Wurzelchakra. Durch die aufsteigende Energie aus dem ersten Chakra über die Kundalinibahnen werden die Schwingungsmuster vom Willenszentrum auch in andere Lebensbereiche aufgenommen, die von den anderen Chakren repräsentiert werden.

Die nun folgenden Chakren (zweites bis sechstes) haben Einstrudelungen vorn und hinten. Sie sind die Repräsentanten unseres seelisch-geistigen Potentials. Ruht im Wurzelchakra unser urwüchsiger Wille, noch ohne intelligente Unterscheidung, so findet sich im Scheitelchakra der göttliche Wille, die übergeordnete Kontrollfunktion. Der Wille beeinflußt unsere menschlichen Ausdrucksformen und verleiht die Kraft zur Bewußtwerdung und Veränderung unserer Persönlichkeitsmerkmale in Richtung Vollkommenheit. Die aufstrebende Energie gibt uns die Möglichkeit der Anpassung, Veränderung und Erkenntnis. Sie verhilft uns dazu, den Sinn des Lebens in der Welt der Gegensätze, der Welt der Polarität, zu verstehen.

Die vorderen Öffnungen vom zweiten bis zum sechsten Chakra stehen in direktem Zusammenhang mit unseren Emotionen. Die hinteren Öffnungen zeigen unsere konservative Grundhaltung: das, was wir an uns nicht verändern wollen. Somit zeigen sich hinten schicksalhafte oder karmische Zustände, vorn dagegen der Versuch, via Emotionen das Bewußtsein zu verändern. In uns allen lebt der Wunsch nach Weiterentwicklung, und somit finden wir im vorderen Bereich des zweiten bis sechsten Chakras die Emotionen als Feuer des Lebens, als Energiepotential, um

unsere Trägheit, unser Festhalten am Erworbenen zu überwinden.

2. Sakralchakra

Das zweite Chakra ist der Repräsentant der physischen
Polarität, es pulsiert zwischen den Hüftgelenken und of-
fenbart in seinen Schwingungen die Grundeigenschaften
unseres Bewegungsverhaltens. Wir finden vorn und hinten rechts- und linksdrehende Rotationen. Die Rechtsrotationen stehen für unsere Säuren, die Linksrotationen für
die Basen.

Ist die Rechtsrotation groß, die Linksrotation klein,
besteht eine Tendenz zur Übersäuerung. Das gleiche gilt,
wenn rechtsherum rund und linksherum unrund angezeigt wird – der Basenpuffer ist gestört, eine zumindest
teilweise Übersäuerung ist wahrscheinlich (im Blut, in der
Lymphe, im Zellwasser usw.). Sind diese Schwingungen
nur vorn zu beobachten, ist das ein Versuch des Bewußtseins, Veränderungen über emotionale Aggressivität zu
erreichen. »Sauersein« bedeutet Durchsetzungsvermögen,
Angriffslust, Kampf sowie Eigenschaften wie ätzend,
brennend, beißend. Ist die Rotation rechts kleiner als
links, treten Antriebsschwäche und Nachgiebigkeit auf,
Unterordnung ist die Folge. Erscheinen die genannten
Schwingungen nur hinten, ist die Wahrscheinlichkeit sehr
groß, daß die Aggressivität oder Nachgiebigkeit ausgelebt wird, ohne daß man daran etwas ändern will: »Ich
bin, wie ich bin!«

Zeigt sich die Linksrotation horizontal, ist Angst vorhanden: nicht Angst vor Realität, sondern unbegründete
Angst, oft auch Phobien. Ist die Linksrotation blockiert,
deutet das möglicherweise auf ein noch nicht gelöstes
Kindheitstrauma und/oder auf eine große Dramatik in den

Vorleben hin. Schwingt die Linksrotation diagonal, hat man Angst vor Gewalt und Schmerz. Ist hingegen die Rechtsschwingung diagonal, sind Aggressivität und »Sauersein« eine Folge von Handlungen angesichts schwieriger Situationen: »Wie du mir, so ich dir!«

Besonders kritisch ist die doppelt unrunde Schwingung. Eine Rechts- und Linksrotation als stehende Ellipse gibt den Hinweis auf einseitige Haltungen im Passiven und Aggressiven, mit wechselnden, nicht immer vorhersagbaren Emotionen. Erscheint diese Schwingungsform vorn und hinten, sind Reaktionen überhaupt nicht mehr zu kontrollieren: »Ich verstehe mich selbst nicht mehr!« Sind beide Schwingungen horizontal, gibt es Blockaden in vielen Bereichen. Psychisch wie physisch besteht eine Tendenz zur Funktions- oder Handlungsunfähigkeit. Es gibt viele Menschen mit Blockaden dieser Art, und in der Regel leiden sie unter gesundheitlichen Problemen: Häufig wurden Operationen an den Unterbauchorganen und Lendenwirbeln vorgenommen; Übergewichtige sind außerstande abzunehmen. Da auch die pH-Werte der Körperflüssigkeiten alles andere als optimal sind, ist der Stoffwechsel gestört und somit ein weiterer Kreis von Funktionsstörungen vorprogrammiert.

Außerdem können noch weitere unterschiedliche unrunde Schwingungen gemessen werden, zum Beispiel horizontal-vertikal, diagonal mit horizontal oder vertikal – und das auch noch mit unterschiedlichen Vorzeichen: rechts oder links, vorn oder hinten. Die Vielzahl von unrunden Schwingungskombinationen spiegelt sich in den Organbereichen wieder, die von diesem Zentrum gesteuert werden. Es sind die wasserausscheidenden Organe, der Enddarm, die Sexualfunktion und -organe der Frau, die Haut mit Schleimhäuten sowie Nägel, Haare und das Bindegewebe mit Sehnen und Bändern. Hier geht es auf der

Ebene der Lebensvorgänge um Sexualität, Schwanger-schaft, Geburt und alle Hautkontakte.

Dieses Chakra steht im Mittelpunkt fundamentaler Herausforderungen im Rahmen unserer geistigen Entfal-tung. Aus der Einheit kommend, wird unsere Seele auf der vom Sakralchakra regierten Ebene mit der ganzen Kom-plexität der polaren Welt konfrontiert. Aber es lohnt sich, die von diesem Chakra ausgehenden Manifestationen auf-zuarbeiten und zu regulieren. Aus seinem Potential bilden wir unseren essentiellen Standpunkt, stehen wir mit bei-den Beinen auf der Erde. Es ist auch ein Zentrum der Angst. Hier heißt die Aufgabe: die Angst überwinden, nicht die Angst leben. Unsere Haut als Kontaktorgan kann nur ge-sund und rein werden, wenn wir über ein gut funktionie-rendes zweites Chakra verfügen. Das gleiche gilt, wenn Kontaktschwierigkeiten mit anderen Menschen bestehen; wir befinden uns hier im Zentrum der Erlösung und der Vergangenheitsbewältigung. Nur wenn wir genügend »Ballast« abwerfen, kann der Weg nach oben beginnen.

3. Milzchakra

Von vorn gemessen, zeigt sich am Oberbauch eine Links-rotation und auf gleicher Höhe hinten eine Rechtsrotati-on. Die polaren Gegensätze bestehen nur zwischen vorn und hinten. Dadurch sind die Beurteilungen der Schwin-gungen leichter. Eine stehende Ellipse vorn sagt aus, daß eines der großen Verdauungsorgane oder das Sonnenge-flecht einseitig arbeitet. Um zu erfahren, welche Organe betroffen sind, ist es sinnvoll, die Meridiane auszumessen, auch den Nervenmeridian für das Sonnengeflecht. Ist ei-ne diagonale Schwingung vorhanden, sind Verkrampfun-gen oder Schmerzen wahrscheinlich. Die horizontale Schwingung zeigt Funktionsblockaden an.

Die Messungen am Milzchakra zeigen sehr häufig extreme Größenunterschiede zwischen vorn und hinten und im Verhältnis zu den anderen Chakren. Vereinzelt erscheinen auch Unterschiede hinsichtlich der Schwingungsgestalt: große Kreise, rund oder unrund, kleiner werdend bis fast zum Stillstand, dann wieder größer werdend, um wieder schwächer zu werden; oder rund und unrund werdend in schneller oder langsamer Folge. Die meisten Veränderungen sind vorn zu finden. Dies weist auf emotionale Labilität hin und beeinflußt auch die innersekretorischen Drüsen. Wir kennen viele Redewendungen, die dies ausdrücken: »Das ist mir auf den Magen geschlagen; eine Laus ist mir über die Leber gelaufen; die Galle ist mir übergelaufen.« Die Grundtendenz verläuft immer in Richtung auf die Verdauung von Speisen, die Verarbeitung von Eindrücken hin. Wie außen, so innen!

Unsere großen Verdauungsorgane reagieren sensibel auf psychische Schwierigkeiten. Wenn wir an unsere Grenzen stoßen, weil unsere Charaktereigenschaften und Lebenserfahrungen es nicht ermöglichen, daß wir gegebene Konflikte und Probleme lösen, dann werden wir krank: meistens mit Magen- und Darm- bzw. Gallen- und Leberbeschwerden. In dem kleinen Buch von Louise Hay, »Heile Deinen Körper«, finden sich viele Hinweise auf derartige psychosomatische Reflexe. Schwingungsveränderungen – groß-klein, schnell-langsam – liegen meistens in einer Schwäche des Sonnengeflechts begründet. Die seltener auftretenden Anomalien hinten sind verbunden mit Schwäche oder Schmerzen im Brustwirbelbereich vom fünften bis zum elften Wirbel. Störungen hinten können auch die mangelnde Bereitschaft anzeigen, sich zu ändern.

4. Herzchakra

Das vierte Chakra dreht sich, von vorn gemessen, in entgegengesetzter Richtung zum dritten Chakra: vorn rechts-, hinten linksherum.

Stehende Ellipsen deuten auf Einseitigkeiten einer oder mehrerer Funktionen hin, die vom Herzchakra gesteuert werden:

Herz-Kreislauf-Durchblutung: Auskunft darüber geben Messungen an Herz, Kreislauf und/oder Meridian des Dreifachen Erwärmers.

Immunsystem: Es besteht eine Anfälligkeit für bestimmte Infektionen.

Zellregeneration: Einzelne Organe oder Körperteile sind geschwächt oder degeneriert.

Heilungsfähigkeit: Einzelne Körperregionen wollen nicht heilen.

Diagonale Ellipsen deuten hin auf: Herzrhythmusstörungen, Krampfadern, Durchblutungsstörungen, die mit Schmerzen verbunden sind. Auch Allergien oder Immunschwächeerkrankungen können angezeigt sein, welche Schmerzen oder Verkrampfungen auslösen; manchmal ist dies auch der Hinweis auf eine bestehende Autoimmunkrankheit. Weitere Probleme, auf die diagonale Ellipsen hinweisen können, sind verkrampfte, zum Teil unkontrollierte Zellregeneration, Verwachsungen, schlechte Narbenbildung bei Verletzungen und ähnliches. Oft lassen sie auch auf kontrollierte Heilungskräfte oder einen Heilungsverlauf schließen, der nicht vorhersagbar ist; alte Wunden können schmerzen.

Horizontale Schwingungen des Herzchakras vermögen auf eine bestehende Herzschwäche hinzuweisen. Es treten Stauungen in den Blutgefäßen auf, wodurch bestimmte Körperregionen unterversorgt sind. Auskunft geben die anderen Chakren oder die Meridiane, denn Funktionsstörungen, obwohl von einem Chakra ausgehend, finden ihren Niederschlag dort, wo in einem anderen Chakra Energieschwäche bzw. eine Energiefehlfunktion besteht. Eine äußerst kritische Situation ist angezeigt, wenn horizontale Schwingungen auf eine Immunschwäche hindeuten. Doch auch eine blockierte Zellregeneration ist möglich: Bei Verletzungen und Operationen wird neues Gewebe nur schwach gebildet. Ein Ausfall von Organen oder Funktionsblockaden können die Folge sein. Insgesamt ist die Fähigkeit zur Heilung blockiert: Bei Erkrankungen oder Verletzungen geschieht die Gesundung nur zögernd, Krankheiten werden verschleppt.

Zeigen sich die unrunden Schwingungen vorn und hinten, sind alle Aussagen schwerwiegender.

Bei Alkohol-, Mager- und Drogensüchtigen treten oft hinten gegenläufige Drehungen auf. Schwingungen, die zeitweilig hinten rechts oder vorn links drehen, zeigen seelische Nöte an, die meistens durch Liebesentzug entstanden sind und einen Suchtprozeß (die Seele »sucht«!) eingeleitet haben. Gegenläufigkeit bedeutet im Herzchakra: gegen das Leben. Auslöser von Sucht sind schwache Herzchakra-Energien, die zusätzlich unrunde bis »hackige« Schwingungen zeigen: Die seelische Energie des Herzens taumelt. Wenn nun Bedrückungen, Zurechtweisung, Ablehnung oder ein tragisches Geschehen erlebt wird, kann es zur Gegenläufigkeit kommen, und der Versuch, Lösungen zu finden, geht in eine falsche Richtung. Schwere Abhängigkeit entsteht aber erst dann, wenn auch andere Chakren Schwächen zeigen oder die Kommunikation mit dem Herzchakra unterbrochen ist. Periodisch auftretende abweichende Rotation vom Runden, bei voller Energie, deutet auf starke, schwer zu kontrollierende Leidenschaften oder auf Liebesleid hin.

Die Beurteilung der Schwingungen des Herzchakras erfordert viel Erfahrung. Erstens ist die Kontrollfunktion über die Meridiane bei den Heilungsenergien, der Zellregeneration und dem Immunsystem nicht gegeben. Zweitens lassen sich die Gefühle der Liebe, die von hier ausgehen, nur schwer in Worte kleiden. Blockierende Schwingungsformen zeigen mangelnde Selbstliebe an, aber auch, daß keine Liebe für andere Menschen empfunden wird. Das Herzchakra ist dasjenige, welches die eigenen Gefühle in Liebe, Mitgefühl und Nächstenliebe transzendieren kann. Blockaden im hinteren Bereich behindern diese Entwicklung.

5. Halschakra

Das fünfte Chakra ist der Repräsentant der psychischen Polarität, jenes Zentrum, aus dem heraus wir handeln. Wie das zweite Chakra zeigt es vorn und hinten wechselnde Drehrichtungen, und es steht im ständigen Austausch mit dem Sakralchakra. Diese Verbindung zwischen zweitem und fünftem Chakra führt dazu, daß bei beiden oft ähnliche Schwingungen auftreten. Rechtsrotationen zeigen Aggressivität an, Linksrotationen Passivität. Ist die Rechtsrotation größer, darf dies als Zeichen für aktive bis aggressive Verhaltensweisen gesehen werden. Ist die Linksrotation ausgeprägter, sind passive bis ängstliche Eigenschaften vorhanden. Je größer der Unterschied zwischen linken und rechten Drehungen im Durchmesser oder in der Anzahl der Rotationen des Tensors, um so ausdrucksvoller wird die dominierende Seite gelebt. Problematisch wird es aber erst, wenn unrunde Schwingungen auftreten.

Senkrechte Ellipsen können einseitig bei Rechts- oder Linksrotationen auftreten, nur vorn oder hinten oder auf beiden Seiten; auch sind Kombinationen aus allen Bewegungen möglich. Die gleichen Unterschiede gelten natürlich auch für diagonale und horizontale Ellipsen. Des weiteren können noch unterschiedliche Mischungen der Formen auftreten. Diese Vielzahl von Schwingungsmöglichkeiten spiegelt sich in der Vielzahl menschlicher Verhaltensweisen wider. Eine energetische Diagnose des Halschakras erscheint zunächst sehr kompliziert, wird aber einfacher, wenn die Polarität bestimmter Verhaltensweisen gesehen wird: Halsstarrigkeit/Nachgiebigkeit, Anspannung/Gelassenheit, Lehren/Lernen, Glaube/Zweifel usw. An einer Polarität, Lehren und Lernen, möchte ich die unterschiedlichen Tensorschwingungen aufzeigen. Sie gelten sinngemäß für alle anderen Polaritäten.

Senkrechte Ellipsen auf der Linksrotation: Das Lernen erfolgt einseitig; nur bestimmte Themen werden aufgenommen, für andere besteht kein Interesse. Geht die unrunde Schwingung bis zur senkrechten Geraden, ist die Aufnahmefähigkeit sehr begrenzt. Häufig werden dann Argumente vorgebracht wie: »Davon will ich nichts wissen, laß mich damit in Ruhe, das verstehe ich nicht.«

Senkrechte Ellipsen auf der Rechtsrotation: Erfahrenes oder Gelerntes wird nur einseitig wiedergegeben. Man kann es nicht erklären oder will es nicht sagen. Die Erklärung für ein solches Verhalten kann im Zusammenhang mit den Meßergebnissen der anderen Chakren gefunden werden.

Noch stärker sind die Wirkungen bei horizontalen Ellipsen: Das Lernen (links) oder das Lehren (rechts), aufnehmen oder wiedergeben, ist blockiert. Dies kann bis zur Apathie und totalem Schweigen gehen. Es besteht ein ausgeprägter Reaktionsmangel, die betreffende Person ist es gewohnt, viel Negatives zu schlucken. Auch hier helfen die Verbindungen zu den anderen Chakren beim Auffinden der Ursachen.

Ein schweres Leben wird durch diagonale Schwingungen angezeigt, während eine aggressive, ja bösartige Grundstimmung herrscht.

Diagonal links: Gesagtes wird als Angriff oder Beleidigung erlebt, man »bekommt alles in den falschen Hals«.

Diagonal rechts: Die Art der Kommunikation, das Verhalten und die eigenen Handlungen sind aggressiv.

Die vielen Möglichkeiten in der Kombination der runden bis unrunden Schwingungen können gezielte Hinweise auf die psychische Befindlichkeit geben, zum Beispiel: Links diagonal/rechts horizontal: Erlebnisse oder Ereignisse, privat, beruflich oder gesellschaftlich, machen ärgerlich und können nicht abreagiert werden. Das Leben wird zur Last und macht krank.

Dieses Zentrum steuert die Meridiane bzw. gibt die Energien an sie ab. Somit können sich eine Vielzahl von Krankheiten psychosomatischer Art entwickeln. Außerdem stimuliert das Halschakra die Schilddrüse. Schilddrüsen-Fehlfunktionen können den gesamten Stoffwechsel durcheinanderbringen und das psychische Verhalten so verändern, daß eine Psychotherapie notwendig wird. Meiner Erfahrung nach ist dieses Chakra für einen großen Teil der psychischen und physischen Erkrankungen verantwortlich, ebenso wie für Lern- und Verhaltensstörungen.

6. Stirnchakra

Im sechsten Chakra, wo alle Informationen der fünf Sinne und die Aktivitäten der psychisch-seelischen Muster zusammenfließen, finden wir wieder die einfache Polarität: vorn nach links, hinten nach rechts drehend. Dieses sechste Chakra zeigt also die gleichen Muster wie das dritte, und beide Zentren stehen auch in einer engen Verbindung zueinander. Informationen, die uns über unsere Sinne erreichen, sowie die Verarbeitung seelischer Eindrücke beeinflussen die Bauchorgane, welche von hier aus gesteuert werden.

Dieser sehr wichtige Dialog kann manchmal unterbrochen sein. Dann sind sechstes Chakra und Gehirn allein auf die Informationen der Sinnesorgane angewiesen, was zu beträchtlichen Irritationen führt. Wenn wir über Störungen in diesem Chakra sprechen, ist es sehr wichtig, einzubeziehen, wie die Verbindungen zu den anderen Chakren beschaffen sind. Außerdem zeigt sich am Hinterkopf die Qualität des Unbewußten und nicht, wie bei den darunterliegenden Chakren, unsere konservative Grundhaltung. Das Unbewußte kann so stark wirken (große Kreise), daß das Bewußte in eine Position der Schwäche gerät. Handlungen und Verhaltensweisen werden nun unbewußt gesteuert. Das kann bei extremem Größenunterschied der Schwingungen so weit gehen, daß wir sagen: »Der ist nicht ganz bei Sinnen.« Ist das Verhältnis umgekehrt, vorn groß und hinten klein, werden Träume nicht mehr wahrgenommen. Das Traumleben und andere unbewußte Informationen wie Inspiration oder Einfühlungsvermögen werden abgeblockt. Der Mensch wirkt kalt in seinen Entscheidungen, das Herz ist nicht mehr dabei. Das führt zu Äußerungen wie: »Du mit Deinen Gefühlen!«

Senkrechte Ellipsen vorn deuten auf die einseitige Verarbeitung aller Wahrnehmungen hin. Innere Unruhe kann entstehen. Informationen werden hin und her gewälzt, ohne daß es zu Entscheidungen kommt, und dazu wird der Schlaf mehrmals in der Nacht unterbrochen. Ist die senkrechte Schwingung hinten, werden unbewußte Informationen und Gefühle unvollständig wahrgenommen. Dadurch werden Meinungen und Glaubenssätze geboren, die oft mit der Realität nichts mehr gemein haben. Sind die Schwingungen des Tensors vorn und hinten senkrecht, kann eine schwere Störung von Logik und Vernunft vorliegen.

Diagonale Ellipsen weisen auf Ärger hin; vorn auf aggressives Denken oder darauf, daß Eindrücke schmerzlich bewußt werden. Auch kann es sein, daß man sich zuviel »den Kopf zerbricht« – und daher Kopfschmerzen hat. Ergeben sich am Hinterkopf diagonale Meßergebnisse, ist die Angst vor Schmerzen vorhanden, und/oder Versorgungsschwierigkeiten von Blut und Lymphe verursachen Migräne oder ähnliche starke Kopfschmerzen.

Blockierte Schwingungen vorn weisen je nach Stärke auf Schlafstörungen, Hemmungen im Denken, Angst, Depressionen oder Durchblutungsstörungen hin. Horizontale Bewegungen am Hinterkopf sind oft ein Hinweis auf Lähmungen und/oder Ausfälle im Kleinhirn, zum Beispiel Seh- oder Hörschwierigkeiten. Bei allen unrunden Schwingungen in diesem Chakra kann das zentrale Nervensystem krankhaft gestört sein. Auskunft für den physischen Bereich gibt der Nervendegenerations-Meridian am Zeigefinger, für den psychischen Bereich sollten die Verbindungen zwischen dem Stirnchakra und dem fünften und siebten Zentrum überprüft werden (siehe auch Chakrenkommunikation).

7. Scheitelchakra

Am schwierigsten von allen Messungen der Chakren ist die Beurteilung der Rechtsrotation des siebten Chakras. So, wie sich dieses Chakra jeder direkten Behandlung entzieht, so sollten auch Aussagen über unrunde Schwingungen nur mit Vorsicht gemacht werden. Aber soviel kann gesagt werden:

Ein rundes Scheitelchakra ist ein Hinweis auf große Freiheit in der Lebensgestaltung. Karmisch zwingende Lebensaufgaben sind nicht vorhanden. Auch wiest dies auf gute Heilungskräfte hin, und selbst schwere Krankheiten werden überwunden.

Sind die Rotationen unrund, ist jede Heilung oder Informationsübertragung nur schwer möglich. Senkrechte Ellipsen sind ein Hinweis auf zwingend notwendige Bewußtseinserweiterung. Erst wenn dies vom Patienten erkannt und gelebt wird, kann Heilung geschehen.

Eine Diagonale kann als ein Hinweis darauf gesehen werden, daß karmisch etwas schmerzlich bewußt gemacht und durchlebt werden muß.

Horizontale Ellipsen zeigen mit großer Wahrscheinlichkeit einen abgetrennten geistigen Strom an. Der Mensch ist in diesem Zustand auf sich allein gestellt. Aus der geistigen Welt ist kaum noch Hilfe zu erwarten. Dies ist eine bedrückende Aussage, ähnlich wie bei einer ganz schwachen Rotation von nur 1 bis 3 cm Durchmesser der Tensorschwingung.

Die Chakrenheilung

Heilung ist eine Kunst, ist ein Gebet, ist Liebe. Heilung mit Chakrenenergie ist die Hingabe des Heilers, sich dem Höheren, Geistigen und Göttlichen zu öffnen. Chakrenenergie ist eine Wirkung, die nicht aus dem menschlichen, in uns vorhandenen Energiefeld kommt. Der Geist ist in uns, aber die geistige Kraft, die übertragen wird und heilend wirken kann, fließt nur in einem passiv dienenden Bewußtseinszustand. Der Mensch – der Heiler – wird zum Vermittler, zum Kanal der Kraft und Intelligenz, die alles Leben spendet. Alle diese Energien und Informationen der geistigen heilenden Kraft unterliegen eigenen Gesetzmäßigkeiten. Unsere fünf Sinne und unsere Lebenserfahrungen reichen nicht aus, um diese Strömungen zu verstehen. Aber wir können daran glauben. Glaube, Religiosität und Spiritualität sind deshalb für viele Heiler die Grundlage ihres Heilerfolgs. Glaube ist kein Wissen, Glaube aber kann zur Kraft werden, Wissen zu erlangen.

Selbst viele Jahre der Zusammenarbeit mit Sensitiven und Heilern brachten mir keine klaren Erkenntnisse darüber, wie Geistheilung eigentlich geschieht. Wir leben heute in einer Zeit der logischen Erklärungen von Gesetzmäßigkeiten. Die Welt ist transparent geworden, und deshalb ist es schwierig, Fragen von Heilungssuchenden unbeantwortet zu lassen und sich nur auf Glaubenssätze zu berufen. Es muß also ein Weg gesucht werden, akzeptable Informationen zu finden, die über bloßen Glauben hinausgehen. Diesen Weg möchte ich beschreiben und die Informationen weitergeben, die mir selbst Sicherheit und Wissen gegeben haben.

Des öfteren hatte ich bei der Suche nach Informationen bei Diagnosen sowie in der Radiästhesie und Astrologie eine meditative Formel mit Erfolg eingesetzt, eine Formel, die Erfolg verspricht, wenn auf der physischen Ebene alles unternommen wurde, um Lebenshilfe zu bieten, aber mangels ausreichender Information nicht gegeben werden konnte. Antworten auf Fragen erhielt ich immer dann, wenn dadurch Hilfe für andere möglich wurde. Die Formel heißt:

ICH MÖCHTE WISSEN, UM ZU HELFEN.

Meine Fragen in der täglichen Meditation waren dann: Wie funktioniert die Übertragung von Heilungsenergie? Wie funktioniert die Informationsübertragung bei Akupunktur und Homöopathie, um helfen zu können? Diese beiden anderen Heilmethoden nahm ich in die Fragestellung hinein, weil auch hier klare Erklärungen fehlen. Hatte ich sonst bei meditativen Fragen, in denen ich um Hilfe bat, fast immer spontanen Erfolg, so blieb die Antwort jedoch diesmal aus. Erst nach Wochen – ich hatte es schon fast aufgegeben – bekam ich eine Antwort, die alle meine Erwartungen übertraf. Während einer tiefen Meditation entstand eine Astralprojektion: Ich befand mich in einem Schulungsraum mit circa zwanzig Personen und einem Lehrer. Das erste, was uns dieser Lehrer sagte, war: »Wir haben euch hier zusammengerufen, weil ihr die Frage gestellt habt, wie Geistheilung, Akupunktur und Homöopathie funktionieren.«

Schon der erste Teilsatz: »Wir haben *euch* hier zusammengerufen«, sagt einiges über das Phänomen der Synchronizität von Ereignissen aus. Oft werden Erkenntnisse, Entdeckungen und Erfindungen zu ein und derselben Zeit von mehreren Personen an verschiedenen Orten – unabhängig voneinander – gemacht. Werden wir öfter, als wir es wissen, von der geistigen Welt informiert, in einer Art astraler Schulung? Die weitere Erklärung fiel dann aber deprimierend aus: »Diese Frage können wir euch nicht beantworten, weil ihr nicht wißt, was Leben ist. Außerdem habt ihr nur ein begrenztes Bewußtsein, so könnt ihr die Begriffe Ewigkeit und Unendlichkeit nicht klar erfassen. Ewigkeit ist nicht nur, daß alles immer sein wird, sondern auch schon immer war. Daß ›Etwas‹ oder ›Alles‹ ohne Anfang und Ende existiert, ist für euer Denken eine nicht zu lösende Herausforderung – meint ihr doch, daß alles einen Anfang und ein Ende hat. Auch daß das Universum unendlich ist, kann in eurer Vorstellung nur mit immer größeren Maßeinheiten begrenzt werden. Dies gilt ebenso für unendliche Kleinheit, Punkte ohne Raum: Etwas existiert ohne Ausdehnung im Raum, und doch ist es etwas und hinterläßt eine Wirkung.

Wir werden euch aufgrund eures begrenzten Bewußtseins ein Modell anbieten, das nicht die ganze Wirklichkeit wiedergibt, aber doch eure Frage beantworten kann. Wir machen euch einen Vorschlag: Nennt das, was ihr als Gott, kosmisches Bewußtsein, Weltenlogos oder Schöpfer bezeichnet, ›die unendlich schnelle Schwingung‹. Wenn etwas unendlich schnell schwingt, werden Raum und Zeit nach euren Vorstellungen aufgehoben. Gott als unendliche schnelle Schwingung ist somit zu jeder Zeit und an jedem Ort des Universums präsent.

Gott als unendlich schnelle Schwingung ist der kreative Geist. Die Energie und die Materie, das physische Universum – dies ist der passive Geist. Aus der unendlich schnellen Schwingung – dem Gottesbewußtsein – wird der kreative Geist nach universellen Gesetzen in wahrnehmbare Schwingungen heruntertransformiert. An einer bestimmten Stelle dieser Transformation geschieht eine Vermittlung – ein Übergang zum passiven Geist: Das physische Universum wird erschaffen. Hier beginnt die Beseelung. Alles, was Seele ist, ist vom kreativen Geist erschaffen worden, und das Gottesbewußtsein kann sich nun über diese Vermittlung – die Übersetzung in das physische Universum, den passiven Geist – verwirklichen. Alles, was ihr als Individualseele erlebt, ist eure Wirklichkeit. Die Wirklichkeit ist der Transformationsprozeß vom kreativen zum passiven Geist, einschließlich der seelischen Vermittlung. Eure Aufgabe ist es, in einem individuellen Aufgabenbereich die aus dem kreativen Geist kommenden Informationen tiefer in die Materie hineinzutragen. Es ist eure Aufgabe, diesen Transformationsprozeß zweimal zu wiederholen. Das Empfangen des kreativen Geistes geschieht hauptsächlich über das Chakrensystem und wird durch euch, als Seelen, in andere Energiesysteme eures Körpers geschleust, bis in alle physischen Funktionen hinein.

Bei dieser Transformation, von der unendlich schnellen Schwingung bis in das Physische hinein, geschieht ein Selbstregulierungsprozeß, der den Schöpfungsgedanken verwirklicht. Auf jeder Ebene der Verdichtung von der unendlich schnellen Schwingung bis hin zur Materie nimmt der Geist begierig jede Information auf, die zur Selbstregulation führt. Diese Selbstregulierung/Heilung ist allen Lebewesen gegeben, und so ist das Leben auf Vollkommenheit ausgerichtet.

Jede transformierte geistige Information einschließlich ihrer Wirkung kann als Schwingung dargestellt werden. Alles schwingt, und jede Schwingung erzeugt Obertöne, im anorganischen wie im organischen Bereich. Über Ober-

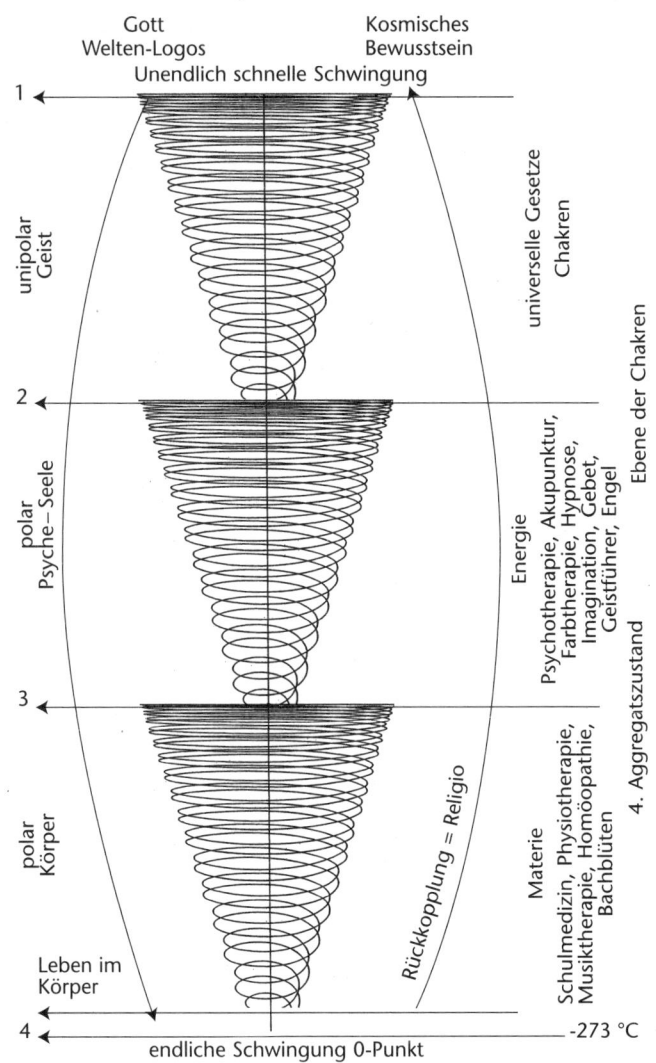

Schwingungsmodell des Lebens

tonreihen, die sich immer höher hinaufschwingen, bis ihre Schwingung unendlich schnell wird, bekommt der kreative Geist/das Gottesbewußtsein jede Information der ›Wirklichkeit‹ zurück. Diese Rückbildung, lateinisch *religio*, führte auch bei euch zu den Religionen, die eine Rückkehr zum göttlichen Bewußtsein versprechen. Eure gegenwärtige Aufgaben als hochqualifizierte Seelen besteht darin, diesen Prozeß bewußt zu erleben und gleichzeitig kreativ daran mitzuarbeiten. Deshalb habt ihr den freien Willen und könnt selbst bestimmen, in welchem Bereich ihr Erkenntnisse sammelt. Es kann im Physischen und Naturwissenschaftlichen sein, im Metaphysischen oder Religiösen, aber auch in mehreren Bereichen gleichzeitig. Der euch gegebene freie Wille bringt aber auch Probleme mit sich. Es kann sein, daß eure konservative Einstellung verhindert, daß ihr nach neuen Erkenntnissen und Erfahrungen strebt und eure innere Größe nicht erkennt, so daß ihr euch klein macht und zum Spielball eurer Umwelt werdet. Der einzige Weg zur Vollkommenheit – was auch mehr Gesundheit bedeutet – führt über die Bewußtwerdung eurer seelischen Kraft. Die Seele, die den Körper belebt, ist auf der einen Seite ihrer Existenz angebunden an den kreativen Geist, an die unendliche Kraft, die alles Leben spendet. Diese Kraft und Information tragt ihr zur anderen Seite eurer Existenz, zu eurem physischen Dasein. An dieser Stelle möchten wir betonen, daß euer Gehirn ein Instrument des kreativen Geistes und in der Lage ist, aus diesem zu empfangen und zu lernen. Wenn euch bewußt wird, wie auf der gebenden Seite der Selbstregulierungsprozeß in Richtung Heilung wirkt, könnt ihr diesen in eure Gegenwart und zur Rückbindung an das Göttliche einsetzen. Dieser Erkenntnisprozeß ist für den Menschen äußerst wichtig, weil mit der Rückbindung die Selbstregulierung eures seelischen Bewußtseins kommen muß.«

Es folgten dann noch einige Hinweise, die nichts mehr mit Heilungen zu tun hatten. Danach kamen Erklärungen zu geistigen Heilweisen und Einordnungen verschiedener Heilsysteme bezüglich des Schwingungsmodells:

»Eure Fragen beziehen sich hauptsächlich auf Funktionen von Heilmethoden und die Möglichkeiten, sie zu erlernen. Jeder Mensch besitzt heilende Kräfte und ist erfüllt davon. Somit verfügt also jeder Mensch über die Möglichkeit, in irgendeiner Weise heilend, heil machend und auch heiligend auf einen anderen Menschen einzuwirken. Aber wie dies geschieht und welche Wirkung es hat, kann sehr unterschiedlich sein. Es hängt von eurer Einstellung ab, wie ihr euer Wissen und Können und eure Glaubenssätze einsetzt. Die Methode ist zweitrangig. Wahres Heilen ist immer eine Informationsübertragung, die zur Selbstregulierung führt. Der Informationsträger kann dabei sehr unterschiedlich sein. Angefangen von Allopathie – ganz dem Körper zugewandt – über Homöopathie, Bachblüten- oder Musiktherapie – in den höheren Schwingungen der Materie wirkend oder darüber hinaus –, bis hin zur psychisch-seelischen Schwingung mit Akupunktur, Farb-, Psychotherapie, Suggestion, Heilhypnose oder heilmagnetischen Behandlungen verschiedener Methoden. Eure Einstellungen und Absichten können sich auch der geistigen Information zuwenden: in Gebet und Fürbitte, in der Kommunikation mit einem Geistführer, Engel oder ›Arzt‹ aus dem Jenseits. Alle Methoden, auch solche, die nicht erwähnt wurden, übertragen Heilinformation, wenn in ihrem Wirkungsbereich die Unvollkommenheit liegt.«

Soweit Ausschnitte einer Vision.

Auf allen Ebenen – Körper, Seele, Geist – gibt es viele Heilmethoden und natürlich verschiedene Lehr- und Ausbildungsprogramme. Auch Geistheiler bedienen sich unterschiedlicher Methoden, die eine Hilfe für den Heiler wie den Heilungssuchenden darstellen. Die Methoden an sich haben keine heilende Kraft, sie sind nur Verfahren, die dem Heiler helfen, sich auf die geistige Kraft einzustimmen.

Einige der am häufigsten angewandten Methoden sind:

1. Der Heiler betet für den Kranken.
2. Der Heiler verschmilzt mit dem Wesen des Kranken, visualisiert die Fehlfunktion und imaginiert die Vollkommenheit.
3. Der Heiler verschmilzt mit dem Wesen des Kranken, verbindet sich mit der geistigen Führung, nimmt eine passive Einstellung an und bittet den Geistführer, Engel oder Arzt aus dem Jenseits, die Heilung durchzuführen. Dies kann bewußt oder in Tiefenentspannung bzw. Trance geschehen.
4. Der Heiler hat mit verschiedenen Methoden die Ursache der Erkrankung, zum Beispiel ein Chakrenproblem, erkannt, öffnet sein Herzchakra, bittet um geistige Hilfe und überträgt die Heilenergie.

Die genannten Methoden können mit oder ohne direkten Körperkontakt angewendet werden. Wenden wir uns dem Heilen mit Chakrenenergie zu.

Die Erfahrung in meinen Heilkursen hat gezeigt, daß die Fähigkeit des geistigen Heilens nicht nur einigen Auserwählten vorbehalten ist, sondern daß jeder Mensch anderen Menschen auf diese Weise helfen kann.

Voraussetzung ist, daß die folgenden Bedingungen erfüllt sind:

- Sie müssen von dem starken Wunsch erfüllt sein, Kranke heilen zu wollen.

Prüfen Sie sorgfältig die Motive, die Ihrem Wunsch zugrunde liegen, andere zu heilen. Wenn Sie nur den Wunsch haben, dazu befähigt zu sein, oder andere Menschen mit

Ihren Fähigkeiten beeindrucken wollen, wird die Übertragung von Heilung nicht stattfinden. Sind Ihre Motive getragen vom Streben nach Macht, Ruhm, Geld oder Geltungsbedürfnis und nicht nach Liebe, dann wird es ebenfalls nicht funktionieren. Wenn Sie versuchen, ein Kanal für Heilkraft zu werden, und tun dies nicht aus Liebe, kann es sein, daß Sie die Probleme anderer noch verstärken. Heilen ist immer und in jedem Fall Liebe. Erkennen Sie, daß Ihre Motivation einzig und allein auf dem Wunsch beruht, in Liebe zu Gott und seinen Geschöpfen Heilkraft zu übertragen, und sind Sie außerdem davon überzeugt, daß Sie nur im Dienste einer höheren Kraft helfen können, dann ist die erste Bedingung erfüllt.

- Sie benötigen wirkliches Mitgefühl für Kranke und Leidende.
Damit sind nicht Gefühle von Mitleid gemeint, sondern seelische Anteilnahme, Gefühle der Sympathie und Liebe. Sehen Sie außerdem jeden Menschen als einen vollkommenen Ausdruck des göttlichen Plans an, ungeachtet seiner Herkunft, Erscheinung und Religion. Dann haben Sie eine weitere Bedingung erfüllt.

- Sie benötigen die tiefe Überzeugung, daß für die geistige Kraft und den göttlichen Willen alles möglich ist!
Wenn Sie beim Heilen Ihren Verstand sprechen lassen und nicht die Kraft Ihrer Seele, entstehen Gedanken wie: »Vielleicht kann ich helfen« oder »Ich hoffe, es wird ein bißchen besser.« Haben Sie jedoch erkannt, daß Ihr eigenes Denken Sie einschränkt, und ist Ihnen bewußt, daß der Heilstrom nur fließen kann, wenn Sie alles in seiner Vollkommenheit sehen, dann ist ein weiterer Schritt zum Heiler getan.

- Sie müssen bewußt zum Kanal werden und alles versuchen, um geistigen Kontakt zu bekommen.

Wenn Sie noch keinen geistigen Kontakt besitzen, ist die Gefahr sehr groß, aus den eigenen Vorstellungen heraus zu handeln. Chakrenenergie ist eine Macht. Ohne Steuerung aus dem Göttlich-Geistigen und nur getragen von menschlichen Absichten, kann der Heilstrom mehr schaden als helfen. Haben Sie den Kontakt zur geistigen Welt erworben und übergeben Sie aus voller Überzeugung die Heilung Ihrer geistigen Führung, dann ist ein weiterer Schritt getan. Am Anfang sollten Sie immer wieder fragen: »Darf ich mein Herzchakra zur Heilung öffnen? Was muß ich beim Heilen besonders beachten? Wirst du die geistige Führung der Heilung übernehmen?«

Zum Kanal werden

Oft werde ich gefragt: Wie erlange ich Klarheit darüber, ob ich Kranken helfen kann? Heilung kann man nicht »tun«. Heilen ist keine absichtsvolle Handlung – nur im geistigen Erwachen liegt die Möglichkeit dazu. Das größte Hindernis auf diesem Weg ist unser Denken und natürlich auch unsere Lebenserfahrung. Vor allem aber sind es unsere Glaubenssätze, die uns einengen. Nur durch überzeugende Erlebnisse, die unser Denken, unsere Erfahrung und den Glauben verändern, treten neue Möglichkeiten in unser Leben. Immer wieder höre ich von Schülern, daß erst in der praktischen Ausbildung und durch das Zuschauen bei einer Behandlung durch einen erfahrenen Heiler die Erkenntnis wächst, was Heilung ist.

Es scheint mir unerläßlich zu sein, viele Wege einzuschlagen. Der erste Schritt sollte erfolgen, indem Sie sich erst einmal einiges theoretische Wissen aneignen – es gibt eine Fülle von Büchern unterschiedlichster Art über Heilung. Danach kann der nächste Schritt folgen. Besuchen Sie verschiedene Vorträge und Seminare, und arbeiten Sie mit den erlernten Techniken und Informationen, um herauszufinden, was zu Ihnen paßt. Parallel dazu üben Sie sich in Meditation oder Kontemplation.

Die Gedankenhygiene ist unerläßlich. Niemals dürfen

in Ihren Gedanken Begriffe entstehen wie: »diese scheußliche Krankheit, dieser verfluchte Krebs, dieser teuflische Zustand«. Dies gilt noch stärker beim Behandeln, wenn Begriffe gedacht oder sogar ausgesprochen werden wie: »Das wird Ihnen wahnsinnig guttun; meine Behandlung wird unheimlich gut wirken; ich werde Ihre Geschwulst zerstören, Ihre Krankheit verbrennen« usw. Heilung hat nichts mit Unheimlichkeit, nichts mit Kämpfen und Zerstören zu tun. Wenn Sie einen anderen Menschen heilen wollen und Sie benutzen Worte wie »irre, wahnsinnig« und dergleichen, wird Heilung nicht geschehen.

Heilung ist immer und in jedem Fall Liebe. Je mehr Liebe in Ihnen präsent ist, um so kraftvoller wird die heilende Wirkung sein, die durch Sie fließt. Nur wenn Liebe und Harmonie in Ihnen sind, kann Liebe und Harmonie – also Heilung – durch Sie fließen. Lassen Sie nie zu, daß Ihre Gedanken während einer Heilung negativ oder emotional werden; Sie könnten Ihre eigenen Disharmonien übertragen. Dies wäre die Vorstufe von schwarzer Magie. Für äußerst wichtig halte ich die regelmäßige Teilnahme an einem Heilungskreis. Alles, was Sie erlernt haben, sollte in praktischen Übungen erprobt werden. Wer etwas gelernt hat und probiert es nicht aus, hat nichts gelernt! Die unterschiedlichen Techniken, Erfahrungen und Talente der Gruppenteilnehmer sind äußerst befruchtend. Auch wenn Sie wenig Heilerfolge zu verzeichnen haben, sprechen Sie in der Gruppe darüber. Sie werden viele Anregungen erhalten. Orientieren Sie sich immer an den Erfolgreichen, und sagen Sie sich, daß auch Sie in Kürze diesen Weg zum Erfolg finden.

Wenn Sie also ein Geistheiler werden möchten, scheuen Sie keine Anstrengung, um Ihren Bewußtseinszustand anzuheben. Mit jedem Schritt der Bewußtseinserweiterung werden mehr Wissen und Können aus Ihrem Unbewußten und damit auch aus dem kollektiven Unbewußten fließen. Je weiter Sie sich öffnen, desto größer wird Ihre Fähigkeit, zum Kanal der universellen Lebenskraft zu werden, bis der Tag kommt, da Sie Ihren Geistführer erleben, mit dem Sie reden und arbeiten können. Ich glaube, daß es keine Abkürzung auf dem Weg der Selbstverwirklichung gibt; er muß Schritt für Schritt gegangen werden. Es kann dabei Tränen geben, so, wie wenn Sie eine Zwiebel Schicht für Schicht schälen.

Welchen Schritt Sie auch einschlagen, es wird immer Ihr eigener sein, der sich von meinem oder dem irgendeiner anderen Person unterscheidet. Eines kann man jedoch mit Bestimmtheit sagen: daß Sie Geduld aufbringen müssen. Bitten Sie um Hilfe und Führung – ganz gleich, ob Sie Gott, Engel oder Geistführer ansprechen. Sie benötigen diese Verbindungen. Eines Tages wird Ihnen die spirituelle Hilfe gegeben werden: genau dann, wenn Ihr Bewußtsein den Stand erreicht hat, der benötigt wird, damit die heilende Kraft fließen kann.

Meine Erfahrung ist, daß die erfolgreichsten Heiler während ihrer Heiltätigkeit in Vollkommenheitsworten denken und sprechen. Meditieren Sie über Vollkommenheitsbegriffe wie: Harmonie, Gerechtigkeit, Friede, Wahrheit, Vollkommenheit, Gottvertrauen, Liebe, Licht und Freude. Verbinden Sie Ihre Gefühle, Gedanken und Taten mit diesen Begriffen. Je klarer und bewußter Sie sich mit Ihrem Ausdruck und Verhalten dieser Vollkommenheit würdig erweisen, um so wirksamer wird die gechannelte Energie sein. »Wir heilen einen Menschen, wenn wir ihn in Vollkommenheit sehen«, heißt es. Die Energie folgt den Gedanken, daher wird jede Methode einen vermehrten Energiefluß zu den betreffenden Körperstellen, auf die Sie sich konzentrieren, zur Folge haben. Stellen Sie sich den Körperteil oder das Organ in Vollkommenheit vor und was an seinen Funktionen verbessert werden sollte. Als Heiler dienen Sie als Kanal, durch Sie fließt die unendliche geistige Kraft. Durch Ihre Wünsche und die Fokussierung Ihrer Gedanken verstärken Sie den Energiefluß. Die Vorstellung, ein Körperteil in Vollkommenheit zu sehen, verhindert, daß Ihre Zweifel den Heilstrom bremsen.

Sorgen Sie sich nicht, wann und wie Sie beginnen, anderen Menschen zu helfen. Wenn Sie herausgefunden haben, was Ihnen liegt, werden genau die Hilfesuchenden zu Ihnen kommen, die zu Ihnen passen. Haben Sie Vertrauen, Sie werden geführt.

Wichtige Fragen

Ist zum Heilen die Einwilligung des Kranken nötig?
Immer wieder werde ich gefragt, ob man jeden Menschen behandeln darf, auch ohne zu fragen oder aufgrund einer Bitte Dritter. Wir alle haben den freien Willen, wir haben die freie Wahl. Deshalb ist der Versuch, ohne Einwilligung des Betroffenen zu heilen, nicht angemessen. Auch bei kleinen Kindern oder Bewußtlosen sollte zumindest die Erlaubnis einer nahestehenden Person eingeholt werden. Außerdem ist wahre Heilung nur möglich, wenn der Kranke bewußt oder unbewußt erkennt, warum er leidet.

»So einer Gesundheit sucht durch dich, frage ihn, ob er willens ist, die Ursachen der Krankheit in Zukunft zu meiden. Nur dann darfst du ihm helfen«, sprach Sokrates.

Kann jeder geheilt werden?
Eine interessante Durchsage aus der kausalen Welt fand ich in einer Schrift des Mediums Varda Hasselmann zu diesem Thema.

»Kein Mensch kann einen Mitmenschen heilen, der sein Gebrechen, sei es körperlich oder geistig, im Moment noch braucht, um das Wachstum seiner Seele zu fördern. Kein Mensch kann einen anderen heilen, der nicht geheilt werden will. Kein Mensch kann einen anderen wirklich heilen, wenn er über ihn Macht ausüben möchte. Kein

Mensch kann heilen, nur weil er heilen möchte.« Und an anderer Stelle: »In den meisten Fällen muß doch auch vorausgesetzt werden, daß der Empfangende wirklich in der Lage ist zu empfangen, und daß der Gebende wirklich in der Lage ist zu geben. Nur dann kann der Austausch dieser Übertragung wirklich stattfinden. Wenn ein Mensch aber nur heilen möchte oder will, oder sich einbildet, bereit zu sein, oder lediglich den Wunsch hat, dazu befähigt zu sein, dann wird die Übertragung von Heilkraft nicht stattfinden. Wenn jemand außerdem nur den Wunsch hat, Menschen mit seinen Fähigkeiten zu beeindrucken, wenn also die Motivation aus Angst oder Geltungssucht und nicht aus Liebe kommt, dann wird es nicht funktionieren.«

Von einem englischen Geistheiler hörte ich bei einem Heilertreffen zu diesem Thema: »Es gibt keine unheilbare Krankheit, aber sehr viele unheilvolle Menschen.« Dieses Unheilvolle, den Verursacher der Krankheit, sollten Sie immer suchen. Solange der Verursacher von Heilungssuchenden nicht bewußt oder unbewußt erkannt ist, kann Heilung nur durch die Gnade Gottes erfolgen. Unsere Aufgabe als Menschen hier auf Erden können sehr unterschiedlich sein. Aber eines ist uns allen gemein: Wir sind hier, um unser Bewußtsein anzuheben. Bei Menschen mit verschleppten oder chronischen Erkrankungen oder Kranken, die aufgegeben wurden oder sich selbst aufgegeben haben, ist das Durchleuchten des Hintergrunds der Erkrankung nötig. Eine große Unterstützung bei der Suche nach dem Verursacher können andere Deutungssysteme sein, zum Beispiel Astrologie, Numerologie, Kabbala, I Ging. Auch verschiedene psychologische Tests bieten gute Möglichkeiten, manchmal ist die Reinkarnationstherapie förderlich.

Je mehr Methoden Sie einzusetzen lernen, um so größer wird Ihr Wissen und um so öfter können Sie helfen. Im Grunde ist jeder Kranke, der zu Ihnen kommt, ein Geschenk und wird Ihre Lebenserfahrung und Ihr Wissen vergrößern.

Wie kann man eine Heilsitzung durchführen?

Im folgenden möchte ich beschreiben, welcher Ablauf einer Heilsitzung mir zur Zeit als richtig erscheint.

1. Ihre erste Frage sollte lauten: Was muß ich unternehmen, damit der Kranke bewußt mitarbeitet? Eine Voraussetzung dafür ist, daß der Kranke sich in dem Behandlungsraum wohl fühlt. Wenn Sie nach den gesundheitlichen Störungen fragen, lassen Sie nur eine kurze Beschreibung des Problems zu. Denn wenn ein Hilfesuchender alle Einzelheiten aufzählt, können negative Bilder eine blockierende Wand aufbauen, die später bei der Heilung durchbrochen werden muß.

2. Was hat der Hilfesuchende schon alles unternommen? War er vorher beim Arzt? Ich lasse mir gern das Krankheitsbild durch Dritte erklären. Was hat der Arzt, was hat der Heilpraktiker dazu gesagt? Damit läßt sich verhindern, daß zu starke Emotionen in die Erklärungen einfließen.

3. Eine wichtige Frage ist: »Glauben Sie an Geistheilung oder göttliche Fügung?« Angebracht wäre es, im Zusammenhang mit dieser Frage eine kurze Erklärung abzugeben, wie und mit welchen Mitteln Sie behandeln. Viele Hilfesuchende verstehen die Zusammenhänge des spirituellen Heilens noch nicht. Räumen Sie auf jeden Fall alle Ängste aus, denn diese könnten verhindern, daß der Heilstrom fließt.

4. Wenn durch die ersten Gespräche eine Vertrauensbasis entstanden ist, fragen Sie den Hilfesuchenden, ob er glauben kann, daß jeder Schmerz, jede Krankheit oder

Funktionsstörung eine Botschaft unseres Körpers sein könnte, daß etwas in der Lebenshaltung oder Lebenseinstellung geändert werden sollte. Gehen Sie behutsam mit Ihren Fragen und Erklärungen um; es darf keine Schuldzuweisung geschehen. Schuldgefühle rufen bei einem Heilungssuchenden Abwehrhaltungen hervor, und diese können die Heilungschancen mindern.

5. Danach erklären Sie, daß Sie einige Tests durchführen werden, um die Zusammenhänge der Störung aufzudecken. Geben Sie keine vorschnellen Erklärungen ab, warten Sie, bis Sie genügend erspürt und gefunden haben. Voreilige oder gar falsche Aussagen über die Krankheit untergraben das Vertrauensverhältnis.

6. Beginnen Sie mit dem Aufspüren in der Aura. Sie können Ihre Hände nehmen, eine Wünschelrute, den Biotensor, oder eine andere Methode anwenden. Wichtig ist, daß Sie sich Notizen oder besser eine Skizze machen. Reicht die Auramessung für die Diagnose nicht aus, gehen Sie zu feineren Messungen über, zum Beispiel den Ausstrahlungen der Finger und Zehen bis hin zu den Meridianen. Auch hierüber machen Sie sich Notizen, am besten auf vorbereitete Formblätter mit den wichtigsten Fragen. Darüber hinaus können Sie nun eine Chakrendiagnose durchführen. Wenn Sie danach Ihre Ergebnisse – Aura, Meridiane und Chakren – vergleichen, kann sich ein Bild zeigen, wie die Verteilung und Zusammenhänge der Bioenergien sind.

7. Es kann vorkommen, daß die bioenergetischen Meßergebnisse kein klares Bild ergeben oder die Zusammenhänge widersprüchlich sind, so daß eindeutige Aussagen nicht gemacht werden können. Jetzt ist geistige Hilfe gefragt. Hierzu gehen Sie in einen meditativen Zustand und »schauen« in den Menschen hinein. Eine besondere Hilfe dabei ist es, wenn sie gelernt haben, Kör-

perteile und Organe in Farben zu sehen. Jede Funktionsstörung führt zu Farbverschiebungen, die in diesem
Buch ausführlich beschrieben wurden.

Die wertvollste Fähigkeit, die Sie entwickeln können,
ist das Gespräch mit Ihrem geistigen Führer. Ich denke, daß ich die vorgenannten Meß- und Visualisie-
rungsmethoden gut beherrsche. Aber immer wieder
kommt es vor, daß die wahren Verursacher erst durch
einen Dialog mit meinem Geistführer aufgedeckt werden.

8. Haben Sie genügend Überblick und Einfühlung gewonnen, beginnen Sie mit der Heilenergieübertragung.
   Bitten Sie den Hilfesuchenden, sich in einen harmoni-
   schen Zustand zu begeben. Ich bitte immer darum, an
   etwas Schönes zu denken, etwa an einen Sonnenunter-
   gang mit vielen Farben, an einen ruhigen See, ein Mu-
   sikstück oder an einen Kerzenabend. Nun setzen Sie Ihre Heilmethoden ein; denken Sie dabei in Vollkommenheitsbegriffen, verbinden sich mit der geistigen
   Ebene und lassen sich von dieser Ebene tragen.

Wie lange dauert eine Heilung?

Untersuchungen über die Erfolge von Heilern haben ergeben, daß schon bei der ersten Behandlung 50 Prozent
der Heilungssuchenden eine spürbare Besserung, manchmal sogar eine echte Heilung erfahren. Der Grad der Erkrankung spielt dabei scheinbar keine Rolle.

Die andere Hälfte benötigt viel mehr Zuwendung. 20
Prozent von ihnen kommen nach mehreren Behandlungen
in den Genuß einer Linderung oder Heilung. Circa 30 Prozent aller Kranken sprechen auf Geistheilung nicht an.
Aber auch einige der auf Heilung reagierenden Kranken
kommen immer wieder.

Somit ergeben sich drei etwa gleich starke Gruppen. Ungefähr ein Drittel erlebt bleibende Heilerfolge, egal ob mit einer oder mehreren Heilungssitzungen, wobei die zweite Anwendung meist den besten Erfolg bringt.

Ein weiteres Drittel sind die »Wiederkommer«. Diese Gruppe ist die größte Herausforderung für den Heiler. Der restliche Teil kann, wenn überhaupt, nur dann in den Genuß von Heilung kommen, wenn die ganze Einstellung zum Leben verändert und zunehmend Eigenverantwortung übernommen wird. Das kann ein sehr langer Weg sein. Die beste Möglichkeit scheint darin zu liegen, das Bewußtsein des Kranken durch Literatur, Selbsthilfegruppen und Selbsterfahrung in Seminaren zu verändern. Des öfteren erlebte ich in meinen Kursen »Die Heilkraft liegt in Dir«, daß chronisch Kranke durch neue Erkenntnisse gesundeten.

Beide Gruppen, die »Wiederkommer« sowie die (zunächst) Heilungsresistenten, können schneller der Gesundheit entgegengeführt werden, wenn der Verursacher gefunden wird.

Fragenkatalog für die Anamnese

Mit dem folgenden Fragenkatalog können Sie schneller die Hintergründe einer Erkrankung aufdecken.

1. Frage: »Ernährst du dich richtig?« Beantworten wird der Hilfesuchende diese Frage kaum, denn wenn er es wüßte, würde er zumindest zum Teil seine Eßgewohnheiten umstellen. Wenn Sie als Heiler nicht die Fähigkeit und das Wissen besitzen, Nahrungsmittel auszutesten, um die Frage eindeutig zu beantworten, dann sollten Sie mit einem Ernährungsberater zusammenarbeiten. Bei etwa 50 Prozent aller Kranken spielt die Ernährung eine Rolle, wenn sie nicht sogar den Haupt-

grund der Erkrankung bildet (denken Sie beispielsweise an Allergien und Mangelerscheinungen).

2. Frage: »Bettest du dich richtig?« Ungesunde Materialien im Bett, Erdstrahlen und Elektrosmog sind für mehr als 10 Prozent der Kranken die Hauptverursacher ihres Unwohlseins. Wenn Sie als Berater am Kranken energetische Belastungen nicht ausmessen und auch Strahlen, die Belastungen bringen, nicht erfassen können sowie keine Strahlenfühligkeit besitzen, dann sollten Sie unbedingt mit einem Wünschelrutengänger zusammenarbeiten.

3. Frage: »Hast du Probleme mit Angehörigen oder anderen Menschen?« Sie kennen sicher Aussprüche wie: »Der macht mich ganz krank.« oder »Die macht mich noch ganz verrückt.« Viele Kranke benötigen Lebenshilfe, weil sie mit bestimmten Personen nicht klarkommen, sei es familiär, beruflich, nachbarschaftlich oder gesellschaftlich. Wenn Sie Ihre Klienten bei solchen Problemen nicht beraten können, dann suchen Sie sich in Ihrem Arbeitskreis jemanden, der entsprechende Beratungen durchführt, oder arbeiten Sie mit einem Psychologen zusammen.

4. Frage: »Hast du Probleme mit der Schöpfung – mit Gott?« Ich möchte hier einige von vielen Ansichten wiedergeben, die ich bei kranken Menschen, die nicht gesunden wollten, angetroffen habe: »Der Mensch ist eine Fehlentwicklung der Schöpfung, weil er böse ist.« – »Die Natur ist grausam.« – »Das Leben ist doch nur Fressen und Gefressenwerden.« – »Es gibt keinen Gott der Liebe, sonst würde er nicht Krieg und Verbrechen zulassen.« Erkennen Sie, welche Brisanz in diesen Aussprüchen liegt? Sie sind ein ernstzunehmender Faktor und nicht leicht zu entkräften. Aber wenn kein Umdenken einsetzt, ist Hilfe kaum möglich.

Sie werden Kranke finden, die in allen Fragen richtig liegen, und doch sind sie krank. Diese vier Fragen bieten den Bezugsrahmen zum Gegenüber, zum Kollektiv, zur Natur und zu Gott, aber die Beziehung zu sich selbst spielt auch eine große Rolle. Ich möchte drei weitere Fragen aus drei geistigen Gesetzen ableiten. Diese lauten:

1. Unser Geburtsrecht ist Unsterblichkeit. (Geist)
2. Wir sind hier auf der Erde, um kreativ mitzuarbeiten. (Seele)
3. Wir sind hier, um uns an der Schöpfung zu erfreuen. (Körper)

Hieraus ergeben sich die drei Fragen, durch die Heilungsmöglichkeiten gefunden werden können:

1. Frage: »Glauben Sie an die Unsterblichkeit Ihres Bewußtseins?« Wenn Sie eine verneinende Antwort bekommen, besteht die Wahrscheinlichkeit, daß diesem Menschen einiges im Leben sinnlos erscheint. Dadurch kann seine Gesundheit gestört sein. Er geht davon aus, daß sich doch nichts ändern, daß er sowieso keine Hilfe erhalten wird: »Warum soll ich mich anstrengen, mit dem Tod ist sowieso alles vorbei.« Versuchen Sie zu erklären, daß alles im Leben, daß die ganze Evolution auf einem Prinzip aufbaut: Lernen und Lehren, Anteilnehmen am Ganzen und Sich-Mitteilen. Jeder Versuch – auch wenn er sinnlos erscheint – kann einen Sinn haben, und sei es nur, daß erkannt wird: so geht es nicht! Ohne Erfahrung keine Entwicklung, alles dient allem, alles schafft Bewußtsein und Sinn.
2. Frage: »Sind Sie noch kreativ?« Die stärksten Kräfte der Seele, die Kreativität auslösen, sind Neugierde, Wissensdrang, Forschergeist und schöpferische Kraft. Feh-

len diese Neigungen, ist Stillstand die Folge. Und Stillstand ist Rückgang. Ohne Kreativität leidet die Psyche, und ein Mangel an Lebenskraft entsteht. Mangelnde Kreativität kann zum Auslöser verschiedener psychosomatischer Erkrankungen werden. Wenn Sie diesen Kranken helfen wollen, müssen Sie einen Weg finden, ihr Interesse für irgend etwas zu wecken.

3. Frage: »Haben Sie noch Freude?« Wenn ein Mensch sich nicht mehr freuen kann, entwickelt sich der Gegenpol der Freude. Eigenschaften treten in den Vordergrund, die Leid erzeugen. Freudlosigkeit läßt Mangel an Selbstvertrauen, Minderwertigkeitsgefühl, Angst und Depression aufkommen, und diese führen zu einem Mangel an Lebenskraft, zu schwacher Gesundheit. Wenn Sie bei einem Ihrer Kranken Freudlosigkeit erkennen, werden Sie nur helfen können, wenn Sie ihm wieder Freude und Begeisterung für sein Leben vermitteln. Wenn Sie einen freundlosen Menschen für etwas begeistern, können Sie auch mit der Geistheilung etwas bewirken.

Heilung bezieht den ganzen Menschen mit ein: Körper, Verstand, Gefühl und Geist – und das alles im Bezug zur Umwelt. Machen Sie sich diesen Gedanken wirklich klar, und halten Sie daran fest.

Heilsätze

An anderer Stelle sagte ich, in Vollkommenheitsbegriffen zu sprechen und zu denken sei eine Voraussetzung für Heilung. Besonders wenn ich Chakren ausbalanciere oder aktiviere, spreche ich während der Behandlung der einzelnen Chakren ausgewählte Texte. Einen Teil dieser Texte möchte ich hier wiedergeben.

Formulieren Sie für sich selbst weitere Heilsätze. Die nachfolgenden mögen nur ein Hinweis sein.

Wurzelchakra – Willenszentrum

Du liebst das Leben.

Du freust dich auf jeden Tag und machst wundervolle Erfahrungen.

Mut und Selbstwert bestimmen dein Leben, entspannt und friedlich nimmst du alle Erfahrungen an.

Überall findest du Gutes für dich und gehst freudig auf weitere Dimensionen zu.
Du vertraust und akzeptierst dein Vorwärtsgehen.

Du bist ein lebendiger Liebender, ein freudiger Ausdruck des Lebens.

Du erhebst dich über frühere Begrenzungen und kannst die Fülle des Lebens freudig aufnehmen.

Du bist fest verankert in der Liebe und Freude.

Liebe und Freude bestimmen deinen Weg.

Du hast die Kraft, die Stärke und das Können, alles im Leben zu bewältigen.

Von heute an wird alles besser und besser.

Sakralchakra – Ausscheidungs- und Vergangenheitszentrum

Voller Liebe läßt du die Vergangenheit los.

Freudig schreitest du weiter, das Leben zu erfahren.

Von heute an findest du immer einen neuen Weg. Freude und Frieden begleiten dich.

Du läßt alles hinter dir, was unfrei macht, und stehst sicher auf beiden Beinen.

Du erhebst dich über alle Ängste und Begrenzungen.
Neue Erfahrungen geben dir die Freiheit, Veränderungen
zu leben.

Das Leben begeistert dich. Du bist voller Energie.

Das Leben ist wie ein freudvoller Tanz. Du bewegst dich
freudig vorwärts.

Die Vergangenheit ist vergeben und vergessen.

Du läßt alte Begrenzungen hinter dir und drückst dich frei
und schöpferisch aus.

Du läßt das Vergangene los und schreitest dem Frieden
entgegen.

Du gehst neuen Dimensionen mit Leichtigkeit und
Freude entgegen.

Die Vergangenheit ist immer Vergangenheit. Ab heute lebst
du nur in der Gegenwart.

Du stehst fest mit beiden Beinen auf der Erde.

Inneres Gleichgewicht ist ab heute in dir.

Milzchakra – Verarbeitung von Eindrücken, Verarbeitung von Speisen

Du bist ganz in deiner Mitte.

Du kannst alle neuen Erfahrungen leicht und freudig aufnehmen und verarbeiten.

Du beschließt, alles mit Freude und Liebe zu betrachten; es gibt immer eine harmonische Lösung.

Du traust dem Prozeß des Lebens.

Das Leben nährt und unterstützt dich.

Du hast die Freiheit, in jeden Teil deines Körpers, deiner Welt Liebe und Freude zu bringen.

Du hast die Kraft, die Stärke und Möglichkeit, alles zu verdauen, was dich berührt.

Du verarbeitest alle Eindrücke des Lebens mit Leichtigkeit.

Das Leben stimmt dir zu; du kannst jeden Augenblick alles Neue aufnehmen.

Du vertraust deiner inneren Stimme und bist entspannt, im Wissen, daß das Leben für dich da ist.

Leben ist Wandlung, und du paßt dich dem Neuen an.

Herzchakra – Liebe und Heilzentrum

Du erlaubst der Liebe, in deinem Herz jeden Teil deines Körpers zu reinigen und zu heilen.

Freude strömt durch dich, aller Druck löst sich auf.

Liebe entspannt und löst alles auf, was ohne Frieden und Freiheit ist.

Du lebst in Liebe und Freude, in Anerkennung und Frieden.

Deine Liebe heilt auch schmerzvolle Erinnerungen in deinem Körper.

Deine Liebe und Freude sind ein vollkommener Rhythmus in dir.

Du liebst und akzeptierst dich, dadurch entsteht das Bestmögliche für dich.

Du beschließt, alle Aufgaben mit Liebe, Leichtigkeit und Freude zu erfüllen.

Liebe fließt in jeder Zelle deines Körpers.

Die Liebe der Schöpfung ist in dir; du bist sicher und geborgen.

Du stehst unter dem Schutz göttlicher Liebe.

Du beschließt, dein Leben zu lieben; deine Kanäle der Liebe sind weit offen.

Du erlaubst der Liebe, in deinem Herzen alles zu heilen, in dir und in deiner Welt.

Die heilende Kraft der Liebe entspringt deinem Herzen.

Halschakra – Lehren und Lernen – Psychischer Ausgleich

Leicht und mühelos geht altes Geschehen von dir und neues entsteht in dir.

Du gibst dir die Erlaubnis, alles zu sein, was du sein möchtest.

Du bist willens, dich zu verwandeln; du lernst mit Freude.

Alles in dir kommt ins Gleichgewicht und in Harmonie.

Du sprichst und handelst in Harmonie.

Du bist eingebettet in Frieden.

Liebevoll umarmst du deine Erfahrungen; Zufriedenheit ist dein Ziel.

Alles Leben ist Wandlung, liebevoll gehst du diesen Weg.

Jedes Diesseitige und Extreme läßt du los und wirst zum Zentrum der Liebe.

Von heute an triffst du alle Entscheidungen leicht, einfach und freudig.

Ausgewogenheit ist in dir.

Du bist sicher in deinen Emotionen.

Ab heute stehst du über den Dingen.

Stirnchakra – Denken – Verarbeiten der Sinneseindrücke

Du nimmst die göttliche Fügung an, sie macht dich frei.

Dein Denken ist in Frieden, ruhig und ausgeglichen.

Du gestattest deinem Denken, sich in Frieden Klarheit und Harmonie zu verschaffen.

Geistige Kraft nährt dich.

Deine Liebe reinigt deinen Körper und alle deine Zellen von negativen Gedanken über Krankheiten.

Du erkennst deine Kraft, die getragen wird von Wahrhaftigkeit und Gewissenhaftigkeit.

Deine Gedanken sind in Harmonie. Mitgefühl und Verständnis bringen Frieden.

Dein Leben wird von geistiger Erkenntnis getragen.

Leben ist Wandlung; mühelos paßt du dich dem Neuen an.

Alle Sinneseindrücke und deren Verarbeitung sind perfekt für deinen Wachstumsprozeß.

Dein Geist wird getragen von Liebe und Einsicht.

In wunderbarer Weise verbinden sich dein bewußtes und unbewußtes Denken.

In dir entsteht das Licht der Erkenntnis. Du erzeugst nur freudige Gedanken.

Dein Denken ist leicht und freudvoll, und so entstehen friedvolle Erlebnisse.

Scheitelchakra – Göttlicher Wille

Du wirst täglich neu geboren durch die Liebe der Schöpfung.

Du erfährst nun die heilende Kraft aus der Quelle aller Dinge.

Du bist verbunden mit dem Strom göttlicher Lebenskraft.

Du bist ein Teil des göttlichen Plans; für Gott ist alles möglich.

Du vertraust dem Fluß des Lebens.

Du bist ein Teil der schöpferischen Kraft.

Du bist erfüllt von neuer Energie.

Du liebst dich und nimmst dich an.

Nun geschieht das, was du dir wünschst.

Du stehst unter göttlichem Schutz und bist in
Liebe geborgen.

Der Geist der Schöpfung ist die Struktur deines Lebens.

Dir ist bewußt, daß dich göttliche Weisheit und Führung
stützen.

Alle Erlebnisse dienen nur dem Wachstum deiner Seele.

Du hast immer die freie Wahl; ab heute gehst du den Weg
in Richtung Vollkommenheit.

Du löst dich von dem Muster, das dich in den
momentanen Zustand geführt hat.

Du öffnest dich dem geistigen Strom der Heilung.

Du spürst den Pulsschlag der Vollkommenheit in dir.

Glaube und Gottvertrauen bestimmen deinen Weg.

Anhang

Die Farben der Organe

Bauchspeicheldrüse	gelb mit Grünstich, goldener Kopf
Blase	blaugrün, aquamarinblau
Bronchien	gelborange, aber eher dunkel
Darm	graugelb
Eierstöcke	goldglänzend
Endokrine Drüsen	silber- oder goldglänzend
Galle	gelborange
Gebärmutter	rosa
Herz	grün bis altrosa
Heilung	grün
Regeneration	grün
Hirn	violett
Hoden	goldorangeglänzend
Hypophyse	goldene Eicheln
Leber	dottergelb
Lunge	blaugrün
Magen	gelb
Milz	gelbgrün
Nieren	oben silbrigweiß und dann aubergineglänzend
Schilddrüse	türkis mit goldenen Sprenkeln, nicht massiv, durchsichtig wie Schmetterlingsflügel
Thymusdrüse	glänzend orange

Anmerkungen

(1) Die Kirlian-Fotografie wurde Mitte der dreißiger Jahre von dem Armenier Semjon Kirlian entwickelt. In einem Gerät wird ein Hochfrequenzfeld erzeugt, das bei Berührung Koronaentladungen (Luminiszenzen) produziert. Besonders an Finger- und Zehenkuppen lassen sich diese Entladungen, wenn sie fotografiert werden, gut beobachten. Der Heilpraktiker und Forscher Peter Mandel hat dieses Verfahren verfeinert und als »Energetische Terminalpunktdiagnostik« in mehreren Büchern beschrieben.

(2) Bei der Terminalendpunktdiagnostik nach Dr. Voll, die vor allem in Deutschland weitverbreitet ist, wird eine Metallelektrode auf die Ausgangs-/Eingangspunkte der Meridiane gesetzt, die an den Händen und Füßen rechts und links vom Nagelbett zu finden sind. Eine Gegenelektrode wird an einen beliebigen Körperteil gelegt. In einem Gleichstrom-Stromkreis wird dann der elektrische Widerstand gemessen und auf einem Gerät mit Skala werden die Abweichungen von Normalwerten erkannt. Diese Abweichungen geben dann Auskunft über den Zustand der bioenergetischen Funktionen.

(3) Am Ohr gibt es über hundert Akupunkturpunkte, die auch diagnostisch genutzt werden können. Mit einem Meßverfahren, ähnlich der Methode nach Dr. Voll, kön-

nen am Ohr Abweichungen von Normalwerten nicht nur von Organen, sondern auch anderer biologischer Funktionen auf einer energetischen Ebene gemessen und diagnostisch verwertet werden. Dieses Verfahren ist in Japan entwickelt worden und wird dort vielseitig genutzt.

(4) Radiästhesie (Strahlenfühligkeit), eine erlernbare Methode, wird mit Hilfe von Pendel, Rute, Federpendel, Tensor und dergleichen angewandt. Diese Hilfsmittel sind nur der Zeiger vom »Meßinstrument Mensch«. Energien aller Art können in unserem Körper und seinen bioenergetischen Feldern Resonanzen, Dissonanzen usw. auslösen. Die dabei auftretenden Veränderungen werden über diese Hilfsmittel in Wahrnehmung gebracht.

(5) Beschreibungen des Zusammenwirkens der verschiedenen Bioenergien enthält Dr. Motoyamas Buch »Chakraphysiologie« (Aurum-Verlag).

(6) Unter Psychometrie versteht man ein Einfühlen in die Psyche anderer Menschen, das die Erkenntnis von deren Struktur und Energien ermöglicht.

(7) Dora von Gelder-Kunz/Die Chakras/AquamarinVerlag: Dieses Zentrum hat wichtige Funktionen, ist aber kein Hauptchakra, welches das ganze Feld in der Art beeinflußt wie die übrigen sechs.

Motoyama/Chakraphysiologie/Aurum Verlag. Dieses Chakra reguliert die sexuellen Funktionen und die Ausscheidungsprozesse.

Shalila Sharamon/Das Chakra Handbuch/Windpferd Verlag: Körperliche Zuordnung: Beckenraum, Fortpflanzungsorgane, Nieren, Blase und alles Flüssige, wie Blut, Lymphe, Verdauungssäfte, Sperma.

Lilla Bek/Chakra Energie/Heyne Verlag: Ernährungsenergie (keine Angaben über Organe).

Wie dieses Buch entstand
Danksagung

Als ich 1970 aus dem Wirtschaftsleben ausstieg, um den Sinn des Lebens zu finden, war ich weit entfernt davon, zu glauben, daß ich einmal ein Buch über Geistiges Heilen schreiben würde. Meine Hauptinteressen und -aktivitäten galten damals der Astrologie, der Kosmobiologie und der Radiästhesie. 1976 gründete ich gemeinsam mit meiner Frau Gisela, die Heilpraktikerin ist, unser Gästehaus und Zentrum für Lebenshilfe auf Teneriffa. Schon bald luden wir Geistheiler aus verschiedenen Kulturkreisen zu uns ein, weil uns dieses Thema schon lange faszinierte. Über viele Jahre hinweg beobachtete ich diese Heiler und ihre verschiedenen Behandlungsweisen. Der Kontakt mit ihnen brachte es mit sich, daß ich selbst in diese Art der Heilung hineinwuchs. Immer wieder machte ich die Erfahrung, daß die Heilungschancen beträchtlich steigen, wenn der Kranke Eigeninitiative entwickelt und ihm bewußt wird, warum er leidet. Schritt für Schritt entwickelte ich ein eigenes Vortrags- und Seminarprogramm. Die langjährige Zusammenarbeit mit Heilern, Ärzten und Therapeuten, vor allem aber auch die vielen eindrücklichen Erlebnisse mit Kranken erbrachten eine Fülle von Erfahrungen. So wurde ich von meinen Seminarteilnehmern immer öfter gebeten, mein Wissen über Geistheilung, speziell über Chakrenenergie, niederzuschreiben. Das vorliegende Buch ist nun das Ergebnis. Es wäre nicht ohne die Hilfe vieler Menschen entstanden. Besonderen Dank möchte ich meiner Frau Gisela aussprechen, die viel Zeit aufwendete, um meine Forschungsergebnisse und Protokolle gewissenhaft durchzusehen und ins reine zu schreiben.

Dank gebührt auch Dr. Norbert Schumm für seine fachliche Beratung und nicht zuletzt all jenen, die mir ihre eigenen Wahrnehmungen und Erfahrungen zur Verfügung stellten. Ohne diese Hilfe hätte die Erfüllung meiner Aufgabe ein fruchtloses Unterfangen bleiben müssen.

Adressen

Horst & Anneli Krohne
Mar Y Cumbre
C/. Acevino 14, Portal 1, AM
E – 38400 Puerto de la Cruz, La Paz
Tenerife, Islas Canarias

Anneli Krohne-Hösbacher
und Horst Krohne
Lutherstr. 76
D – 63225 Langen in Hessen

E-Mail: ahoesbacher@gmx.de

Horst Krohne: Gründer der
Schule der Geistheilung nach Horst Krohne®

AUSBILDUNG mit Abschluss Zertifikat
Heilervermittlung
Übungs- und Heilkreise
Bücher von Horst Krohne
HEILSPIEGEL-Magazin

Internet: www.schule-der-geistheilung.de
E-Mail: office@schule-der-geistheilung.de

Register

Die Essenz aus 27 Jahren Heilerfahrung

Konkrete Empfehlungen für die energetische Behandlung von mehr als hundert alphabetisch aufgeführten Krankheiten und Beschwerden

Horst Krohne
Das Hausbuch der Geistheilung

192 Seiten, Taschenbuch
ISBN 978-3-453-70132-8

HEYNE ‹

Neue Chancen der Geistheilung

Horst Krohne zeigt, wie Traumata im Energiekörper harmonisiert werden können, um belastende Lebensthemen endgültig zu erlösen.

Horst Krohne
Geistheilung mit dem »Lebenskalender«
160 Seiten, Taschenbuch
ISBN 978-3-453-70122-9

HEYNE ‹

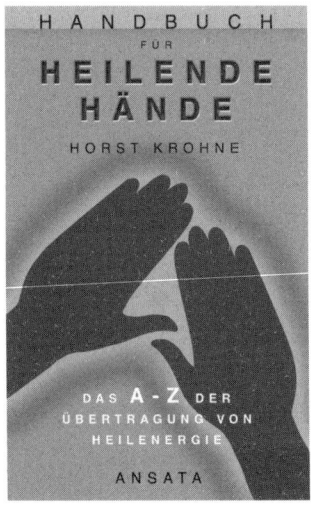

Ein wichtiger Schlüssel zum Verständnis der Psychosomatik

Körperorgane besitzen Bewusstsein und Erinnerung. Wie dieses Wissensreservoir anzuzapfen ist, erfahren Sie hier.

Horst Krohne
Organsprache-Therapie

160 Seiten, gebunden
ISBN 978-3-7787-7238-6

Ansata